Veganska Kuhinja 2023

Odkrijte okusne in zdrave jedi brez živalskih proizvodov

Aljaž Uršič

Vsebine

Solata iz kaper iz artičoke in srca iz artičoke

Sestavine:

1 artičoka, oprana, potolčena in narezana

½ skodelice kaper

½ skodelice srčkov artičok

Oblačenje

2 žlici. beli vinski kis

4 žlice ekstra deviškega oljčnega olja

Sveže mleti črni poper

3/4 skodelice fino mletih mandljev

Morska sol

Priprava

Vse sestavine za preliv zmešamo v kuhinjskem robotu.

Zmešamo z ostalimi sestavinami in dobro premešamo.

Mešana solata iz zelene mlade koruze in srca artičok

Sestavine:

1 šopek Mesclun, oplaknjen, potapkan in narezan

½ skodelice konzervirane mlade koruze

½ skodelice srčkov artičok

Oblačenje

2 žlici. beli vinski kis

4 žlice ekstra deviškega oljčnega olja

Sveže mleti črni poper

3/4 skodelice fino mletih arašidov

Morska sol

Priprava

Vse sestavine za preliv zmešamo v kuhinjskem robotu.

Zmešamo z ostalimi sestavinami in dobro premešamo.

Romaine solata s paradižnikovim prelivom

Sestavine:

1 glava zelene solate, sesekljane

4 veliki paradižniki, brez sredice in nasekljani

4 redkvice na tanke rezine

Oblačenje

6 paradižnikov, oplaknjenih in prepolovljenih

1 jalapeno, prepolovljen

1 bela čebula narezana na četrtine

2 žlici ekstra deviškega oljčnega olja

Košer sol in sveže mlet črni poper

1/2 čajne žličke mlete kumine

1 skodelica kremnega sira brez mleka

2 žlici svežega limoninega soka

Priprava/kuhanje

Pečico segrejte na 400 stopinj F.

Za preliv položite paradižnik, jalapeno in čebulo na pekač.

Pokapljamo z olivnim oljem ter potresemo s soljo in poprom.

Pečemo v pečici 25-30 minut. dokler zelenjava ne začne rjaveti in rahlo potemniti.

Prenesite v kuhinjski robot in pustite, da se ohladi, nato zmešajte.

Dodajte ostale sestavine in postavite v hladilnik za eno uro.

Zmešamo z ostalimi sestavinami in dobro premešamo.

Grška rimska solata in paradižnikova solata

Sestavine:

1 glava zelene solate, sesekljane

4 cele zrele paradižnike, vsakega narežite na 6 rezin, nato pa vsako rezino prerežite na pol

1 cela srednja kumara, olupljena, po dolžini narezana na četrtine in narezana na velike kocke

1/2 cele bele čebule, zelo tanko narezane

30 celih izkoščičenih zelenih oliv, po dolžini prepolovljenih, plus 6 oliv, narezanih

6 oz zdrobljenega veganskega sira

Sveži listi peteršilja, grobo sesekljani

Oblačenje

1/4 skodelice ekstra deviškega oljčnega olja

2 žlici belega vinskega kisa

1 čajna žlička sladkorja ali več po okusu

1 strok česna, sesekljan

Sol in sveže mlet črni poper

Sok ½ limone

Morska sol

Pripravа

Vse sestavine za preliv zmešajte v kuhinjskem robotu in premešajte.

Po potrebi dodatno posolite.

Zmešajte vse sestavine.

Slivova solata iz paradižnika in kumar

Sestavine:

5 srednje velikih paradižnikov, prepolovljenih po dolžini, brez semen in na tanke rezine

1/4 bele čebule olupimo, po dolžini prepolovimo in na tanko narežemo

1 večjo kumaro, prepolovljeno po dolžini in na tanke rezine

Oblačenje

¼ skodelice ekstra deviškega oljčnega olja

2 kapljici belega vinskega kisa

Groba sol in črni poper

Priprava

Zmešajte vse sestavine za preliv.

Zmešamo z ostalimi sestavinami in dobro premešamo.

Enoki solata z gobami in kumarami

Sestavine:

15 Enoki gob, narezanih na tanke rezine

1/4 bele čebule olupimo, po dolžini prepolovimo in na tanko narežemo

1 večjo kumaro, prepolovljeno po dolžini in na tanke rezine

Oblačenje

¼ skodelice ekstra deviškega oljčnega olja

2 kapljici belega vinskega kisa

Groba sol in črni poper

Priprava

Zmešajte vse sestavine za preliv.

Zmešamo z ostalimi sestavinami in dobro premešamo.

Solata iz paradižnika in bučk

Sestavine:

5 srednjih paradižnikov po dolžini prepolovite, odstranite sredico in narežite na tanke rezine
1/4 bele čebule olupimo, po dolžini prepolovimo in na tanko narežemo
1 večjo bučko po dolžini prepolovite, na tanko narežite in blanširajte

Oblačenje

¼ skodelice ekstra deviškega oljčnega olja
2 žlici. Jabolčni kis
Groba sol in črni poper

Priprava

Zmešajte vse sestavine za preliv.

Zmešamo z ostalimi sestavinami in dobro premešamo.

Solata iz paradižnika in kumar

Sestavine:

10 paradižnikov po dolžini prepolovite, odstranite sredico in narežite na tanke rezine

1/4 bele čebule olupimo, po dolžini prepolovimo in na tanko narežemo

1 večjo kumaro, prepolovljeno po dolžini in na tanke rezine

Oblačenje

¼ skodelice ekstra deviškega oljčnega olja

2 kapljici belega vinskega kisa

Groba sol in črni poper

Priprava

Zmešajte vse sestavine za preliv.

Zmešamo z ostalimi sestavinami in dobro premešamo.

Slivova paradižnikovo-čebulna solata

Sestavine:

5 srednje velikih paradižnikov, prepolovljenih po dolžini, brez semen in na tanke rezine

1/4 bele čebule olupimo, po dolžini prepolovimo in na tanko narežemo

1 večjo kumaro, prepolovljeno po dolžini in na tanke rezine

Oblačenje

¼ skodelice ekstra deviškega oljčnega olja

2 žlici. Jabolčni kis

Groba sol in črni poper

Priprava

Zmešajte vse sestavine za preliv.

Zmešamo z ostalimi sestavinami in dobro premešamo.

Solata iz bučk in paradižnika

Sestavine:

5 srednjih paradižnikov po dolžini prepolovite, odstranite sredico in narežite na tanke rezine
1/4 bele čebule olupimo, po dolžini prepolovimo in na tanko narežemo
1 večjo bučko po dolžini prepolovite, na tanko narežite in blanširajte

Oblačenje

¼ skodelice ekstra deviškega oljčnega olja
2 kapljici belega vinskega kisa
Groba sol in črni poper

Priprava

Zmešajte vse sestavine za preliv.

Zmešamo z ostalimi sestavinami in dobro premešamo.

Paradižnikova solata iz dediščine

Sestavine:

3 Heirloom paradižniki, prepolovljeni po dolžini, brez semen in na tanke rezine

1/4 bele čebule olupimo, po dolžini prepolovimo in na tanko narežemo

1 večjo kumaro, prepolovljeno po dolžini in na tanke rezine

Oblačenje

¼ skodelice ekstra deviškega oljčnega olja

2 kapljici belega vinskega kisa

Groba sol in črni poper

Priprava

Zmešajte vse sestavine za preliv.

Zmešamo z ostalimi sestavinami in dobro premešamo.

Enoki gobova solata

Sestavine:

15 Enoki gob, narezanih na tanke rezine

1/4 bele čebule olupimo, po dolžini prepolovimo in na tanko narežemo

1 večjo kumaro, prepolovljeno po dolžini in na tanke rezine

Oblačenje

¼ skodelice ekstra deviškega oljčnega olja

2 žlici. Jabolčni kis

Groba sol in črni poper

Priprava

Zmešajte vse sestavine za preliv.

Zmešamo z ostalimi sestavinami in dobro premešamo.

Srce artičoke in solata s slivovim paradižnikom

Sestavine:

6 src artičoke (v pločevinkah)

5 srednje velikih paradižnikov, prepolovljenih po dolžini, brez semen in na tanke rezine

1/4 bele čebule olupimo, po dolžini prepolovimo in na tanko narežemo

1 večjo kumaro, prepolovljeno po dolžini in na tanke rezine

Oblačenje

¼ skodelice ekstra deviškega oljčnega olja

2 kapljici belega vinskega kisa

Groba sol in črni poper

Priprava

Zmešajte vse sestavine za preliv.

Zmešamo z ostalimi sestavinami in dobro premešamo.

Mlada koruza in slivova paradižnikova solata

Sestavine:

½ skodelice konzervirane mlade koruze

5 srednje velikih paradižnikov, prepolovljenih po dolžini, brez semen in na tanke rezine

1/4 bele čebule olupimo, po dolžini prepolovimo in na tanko narežemo

1 večjo bučko po dolžini prepolovite, na tanko narežite in blanširajte

Oblačenje

¼ skodelice ekstra deviškega oljčnega olja

2 kapljici belega vinskega kisa

Groba sol in črni poper

Priprava

Zmešajte vse sestavine za preliv.

Zmešamo z ostalimi sestavinami in dobro premešamo.

Mešanica zelene in paradižnikove solate

Sestavine:

1 šopek Meslcun, oplaknjen in odcejen

5 srednjih paradižnikov po dolžini prepolovite, odstranite sredico in narežite na tanke rezine

1/4 bele čebule olupimo, po dolžini prepolovimo in na tanko narežemo

1 večjo kumaro, prepolovljeno po dolžini in na tanke rezine

Oblačenje

¼ skodelice ekstra deviškega oljčnega olja

2 žlici. Jabolčni kis

Groba sol in črni poper

Priprava

Zmešajte vse sestavine za preliv.

Zmešamo z ostalimi sestavinami in dobro premešamo.

Solata iz rimske solate in slivovih paradižnikov

Sestavine:

1 šopek zelene solate, oplaknjene in odcejene

5 srednje velikih paradižnikov, prepolovljenih po dolžini, brez semen in na tanke rezine

1/4 bele čebule olupimo, po dolžini prepolovimo in na tanko narežemo

1 večjo kumaro, prepolovljeno po dolžini in na tanke rezine

Oblačenje

¼ skodelice ekstra deviškega oljčnega olja

2 kapljici belega vinskega kisa

Groba sol in črni poper

Priprava

Zmešajte vse sestavine za preliv.

Zmešamo z ostalimi sestavinami in dobro premešamo.

Solata z gobami endivija in enoki

Sestavine:

1 šopek endivije, oplaknjen in odcejen

15 Enoki gob, narezanih na tanke rezine

1/4 bele čebule olupimo, po dolžini prepolovimo in na tanko narežemo

1 večjo kumaro, prepolovljeno po dolžini in na tanke rezine

Oblačenje

¼ skodelice ekstra deviškega oljčnega olja

2 kapljici belega vinskega kisa

Groba sol in črni poper

Priprava

Zmešajte vse sestavine za preliv.

Zmešamo z ostalimi sestavinami in dobro premešamo.

Solata iz artičok in paradižnika

Sestavine:

1 artičoka, oplaknjena in odcejena

5 srednjih paradižnikov po dolžini prepolovite, odstranite sredico in narežite na tanke rezine

1/4 bele čebule olupimo, po dolžini prepolovimo in na tanko narežemo

1 večjo bučko po dolžini prepolovite, na tanko narežite in blanširajte

Oblačenje

¼ skodelice ekstra deviškega oljčnega olja

2 kapljici belega vinskega kisa

Groba sol in črni poper

Priprava

Zmešajte vse sestavine za preliv.

Zmešamo z ostalimi sestavinami in dobro premešamo.

Kale in dediščina paradižnikova solata

Sestavine:

1 šop ohrovta, oplaknjen in odcejen

3 Heirloom paradižniki, prepolovljeni po dolžini, brez semen in na tanke rezine

1/4 bele čebule olupimo, po dolžini prepolovimo in na tanko narežemo

1 večjo kumaro, prepolovljeno po dolžini in na tanke rezine

Oblačenje

¼ skodelice ekstra deviškega oljčnega olja

2 žlici. Jabolčni kis

Groba sol in črni poper

Priprava

Zmešajte vse sestavine za preliv.

Zmešamo z ostalimi sestavinami in dobro premešamo.

Špinača in paradižnikova solata

Sestavine:

1 šopek špinače oplaknite in odcedite

10 paradižnikov po dolžini prepolovite, odstranite sredico in narežite na tanke rezine

1/4 bele čebule olupimo, po dolžini prepolovimo in na tanko narežemo

1 večjo kumaro, prepolovljeno po dolžini in na tanke rezine

Oblačenje

¼ skodelice ekstra deviškega oljčnega olja

2 kapljici belega vinskega kisa

Groba sol in črni poper

Priprava

Zmešajte vse sestavine za preliv.

Zmešamo z ostalimi sestavinami in dobro premešamo.

Gobova solata Mesclun in Enoki

Sestavine:

1 šopek Meslcun, oplaknjen in odcejen

15 Enoki gob, narezanih na tanke rezine

1/4 bele čebule olupimo, po dolžini prepolovimo in na tanko narežemo

1 večjo kumaro, prepolovljeno po dolžini in na tanke rezine

Oblačenje

¼ skodelice ekstra deviškega oljčnega olja

2 kapljici belega vinskega kisa

Groba sol in črni poper

Priprava

Zmešajte vse sestavine za preliv.

Zmešamo z ostalimi sestavinami in dobro premešamo.

Romaine solata in solata iz kumar

Sestavine:

1 šopek zelene solate, oplaknjene in odcejene

5 srednje velikih paradižnikov, prepolovljenih po dolžini, brez semen in na tanke rezine

1/4 bele čebule olupimo, po dolžini prepolovimo in na tanko narežemo

1 večjo kumaro, prepolovljeno po dolžini in na tanke rezine

Oblačenje

¼ skodelice ekstra deviškega oljčnega olja

2 žlici. Jabolčni kis

Groba sol in črni poper

Priprava

Zmešajte vse sestavine za preliv.

Zmešamo z ostalimi sestavinami in dobro premešamo.

Solata iz špinače in bučk

Sestavine:

1 šop ohrovta, oplaknjen in odcejen

1 šopek špinače oplaknite in odcedite

1/4 bele čebule olupimo, po dolžini prepolovimo in na tanko narežemo

1 večjo bučko po dolžini prepolovite, na tanko narežite in blanširajte

Oblačenje

¼ skodelice ekstra deviškega oljčnega olja

2 kapljici belega vinskega kisa

Groba sol in črni poper

Priprava

Zmešajte vse sestavine za preliv.

Zmešamo z ostalimi sestavinami in dobro premešamo.

Solata iz zelja iz artičoke in Enoki gob

Sestavine:

1 artičoka, oplaknjena in odcejena

1 šop ohrovta, oplaknjen in odcejen

15 Enoki gob, narezanih na tanke rezine

1/4 bele čebule olupimo, po dolžini prepolovimo in na tanko narežemo

1 večjo kumaro, prepolovljeno po dolžini in na tanke rezine

Oblačenje

¼ skodelice ekstra deviškega oljčnega olja

2 kapljici belega vinskega kisa

Groba sol in črni poper

Priprava

Zmešajte vse sestavine za preliv.

Zmešamo z ostalimi sestavinami in dobro premešamo.

Solata endivije in artičok

Sestavine:

1 šopek endivije, oplaknjen in odcejen

1 artičoka, oplaknjena in odcejena

1 večjo kumaro, prepolovljeno po dolžini in na tanke rezine

Oblačenje

¼ skodelice ekstra deviškega oljčnega olja

2 kapljici belega vinskega kisa

Groba sol in črni poper

Priprava

Zmešajte vse sestavine za preliv.

Zmešamo z ostalimi sestavinami in dobro premešamo.

Solata z endivijo in bučkami

Sestavine:

1 šopek zelene solate, oplaknjene in odcejene

1 šopek endivije, oplaknjen in odcejen

1 večjo bučko po dolžini prepolovite, na tanko narežite in blanširajte

Oblačenje

¼ skodelice ekstra deviškega oljčnega olja

2 kapljici belega vinskega kisa

Groba sol in črni poper

Priprava

Zmešajte vse sestavine za preliv.

Zmešamo z ostalimi sestavinami in dobro premešamo.

Mesclun in solata Romaine

Sestavine:

1 šopek Meslcun, oplaknjen in odcejen

1 šopek zelene solate, oplaknjene in odcejene

1/4 bele čebule olupimo, po dolžini prepolovimo in na tanko narežemo

1 večjo kumaro, prepolovljeno po dolžini in na tanke rezine

Oblačenje

¼ skodelice ekstra deviškega oljčnega olja

2 žlici. Jabolčni kis

Groba sol in črni poper

Priprava

Zmešajte vse sestavine za preliv.

Zmešamo z ostalimi sestavinami in dobro premešamo.

Mešanica zelene in paradižnikove solate

Sestavine:

1 šopek Meslcun, oplaknjen in odcejen

1 šopek zelene solate, oplaknjene in odcejene

10 paradižnikov po dolžini prepolovite, odstranite sredico in narežite na tanke rezine

1/4 bele čebule olupimo, po dolžini prepolovimo in na tanko narežemo

1 večjo bučko po dolžini prepolovite, na tanko narežite in blanširajte

Oblačenje

¼ skodelice ekstra deviškega oljčnega olja

2 kapljici belega vinskega kisa

Groba sol in črni poper

Priprava

Zmešajte vse sestavine za preliv.

Zmešamo z ostalimi sestavinami in dobro premešamo.

Solata Romaine in solata endivija

Sestavine:

1 šopek zelene solate, oplaknjene in odcejene

1 šopek endivije, oplaknjen in odcejen

5 srednje velikih paradižnikov, prepolovljenih po dolžini, brez semen in na tanke rezine

1/4 bele čebule olupimo, po dolžini prepolovimo in na tanko narežemo

1 večjo kumaro, prepolovljeno po dolžini in na tanke rezine

Oblačenje

¼ skodelice ekstra deviškega oljčnega olja

2 kapljici belega vinskega kisa

Groba sol in črni poper

Priprava

Zmešajte vse sestavine za preliv.

Zmešamo z ostalimi sestavinami in dobro premešamo.

Solata iz artičok in ohrovta

Sestavine:

1 artičoka, oplaknjena in odcejena

1 šop ohrovta, oplaknjen in odcejen

3 Heirloom paradižniki, prepolovljeni po dolžini, brez semen in na tanke rezine

1/4 bele čebule olupimo, po dolžini prepolovimo in na tanko narežemo

1 večjo kumaro, prepolovljeno po dolžini in na tanke rezine

Oblačenje

¼ skodelice ekstra deviškega oljčnega olja

2 kapljici belega vinskega kisa

Groba sol in črni poper

Priprava

Zmešajte vse sestavine za preliv.

Zmešamo z ostalimi sestavinami in dobro premešamo.

Solata iz ohrovta in špinače

Sestavine:

1 šop ohrovta, oplaknjen in odcejen

1 šopek špinače oplaknite in odcedite

15 Enoki gob, narezanih na tanke rezine

1/4 bele čebule olupimo, po dolžini prepolovimo in na tanko narežemo

1 večjo kumaro, prepolovljeno po dolžini in na tanke rezine

Oblačenje

¼ skodelice ekstra deviškega oljčnega olja

2 kapljici belega vinskega kisa

Groba sol in črni poper

Priprava

Zmešajte vse sestavine za preliv.

Zmešamo z ostalimi sestavinami in dobro premešamo.

Solata s korenčkom in paradižnikom

Sestavine:

1 skodelica mladega korenja, sesekljanega

5 srednje velikih paradižnikov, prepolovljenih po dolžini, brez semen in na tanke rezine

1/4 bele čebule olupimo, po dolžini prepolovimo in na tanko narežemo

1 večjo kumaro, prepolovljeno po dolžini in na tanke rezine

Oblačenje

¼ skodelice ekstra deviškega oljčnega olja

2 žlici. Jabolčni kis

Groba sol in črni poper

Priprava

Zmešajte vse sestavine za preliv.

Zmešamo z ostalimi sestavinami in dobro premešamo.

Koruzna in slivova paradižnikova solata

Sestavine:

1 skodelica mlade koruze (v pločevinkah), odcejene

5 srednje velikih paradižnikov, prepolovljenih po dolžini, brez semen in na tanke rezine

1/4 bele čebule olupimo, po dolžini prepolovimo in na tanko narežemo

1 večjo bučko po dolžini prepolovite, na tanko narežite in blanširajte

Oblačenje

¼ skodelice ekstra deviškega oljčnega olja

2 kapljici belega vinskega kisa

Groba sol in črni poper

Priprava

Zmešajte vse sestavine za preliv.

Zmešamo z ostalimi sestavinami in dobro premešamo.

Mešanica zelene in mlade korenčkove solate

Sestavine:

1 šopek Meslcun, oplaknjen in odcejen

1 skodelica mladega korenja, sesekljanega

1 večjo kumaro, prepolovljeno po dolžini in na tanke rezine

Oblačenje

¼ skodelice ekstra deviškega olјčnega olja

2 kapljici belega vinskega kisa

Groba sol in črni poper

Priprava

Zmešajte vse sestavine za preliv.

Zmešamo z ostalimi sestavinami in dobro premešamo.

Solata iz rimske solate in mlade koruze

Sestavine:

1 šopek zelene solate, oplaknjene in odcejene

1 skodelica mlade koruze (v pločevinkah), odcejene

1 večjo kumaro, prepolovljeno po dolžini in na tanke rezine

Oblačenje

¼ skodelice ekstra deviškega oljčnega olja

2 kapljici belega vinskega kisa

Groba sol in črni poper

Priprava

Zmešajte vse sestavine za preliv.

Zmešamo z ostalimi sestavinami in dobro premešamo.

Solata iz mlade koruze in endivije

Sestavine:

1 skodelica mlade koruze (v pločevinkah), odcejene

1 šopek endivije, oplaknjen in odcejen

1/4 bele čebule olupimo, po dolžini prepolovimo in na tanko narežemo

1 večjo bučko po dolžini prepolovite, na tanko narežite in blanširajte

Oblačenje

¼ skodelice ekstra deviškega oljčnega olja

2 žlici. Jabolčni kis

Groba sol in črni poper

Priprava

Zmešajte vse sestavine za preliv.

Zmešamo z ostalimi sestavinami in dobro premešamo.

Solata iz cvetače in paradižnika

Sestavine:

9 cvetov cvetače, blanširanih in odcejenih

10 paradižnikov po dolžini prepolovite, odstranite sredico in narežite na tanke rezine

1/4 bele čebule olupimo, po dolžini prepolovimo in na tanko narežemo

1 večjo kumaro, prepolovljeno po dolžini in na tanke rezine

Oblačenje

¼ skodelice ekstra deviškega oljčnega olja

2 kapljici belega vinskega kisa

Groba sol in črni poper

Priprava

Zmešajte vse sestavine za preliv.

Zmešamo z ostalimi sestavinami in dobro premešamo.

Brokoli in paradižnikova solata

Sestavine:

8 cvetov brokolija, blanširanih in odcejenih

10 paradižnikov po dolžini prepolovite, odstranite sredico in narežite na tanke rezine

1/4 bele čebule olupimo, po dolžini prepolovimo in na tanko narežemo

1 večjo kumaro, prepolovljeno po dolžini in na tanke rezine

Oblačenje

¼ skodelice ekstra deviškega oljčnega olja

2 kapljici belega vinskega kisa

Groba sol in črni poper

Priprava

Zmešajte vse sestavine za preliv.

Zmešamo z ostalimi sestavinami in dobro premešamo.

Solata iz špinače in cvetače

Sestavine:

1 šopek špinače oplaknite in odcedite

9 cvetov cvetače, blanširanih in odcejenih

1 večjo bučko po dolžini prepolovite, na tanko narežite in blanširajte

Oblačenje

¼ skodelice ekstra deviškega oljčnega olja

2 kapljici belega vinskega kisa

Groba sol in črni poper

Priprava

Zmešajte vse sestavine za preliv.

Zmešamo z ostalimi sestavinami in dobro premešamo.

Solata iz ohrovta in brokolija

Sestavine:

1 šop ohrovta, oplaknjen in odcejen

8 cvetov brokolija, blanširanih in odcejenih

1 večjo kumaro, prepolovljeno po dolžini in na tanke rezine

Oblačenje

¼ skodelice ekstra deviškega oljčnega olja

2 kapljici belega vinskega kisa

Groba sol in črni poper

Priprava

Zmešajte vse sestavine za preliv.

Zmešamo z ostalimi sestavinami in dobro premešamo.

Solata iz špinače in brokolija

Sestavine:

1 šop ohrovta, oplaknjen in odcejen

8 cvetov brokolija, blanširanih in odcejenih

1 šopek špinače oplaknite in odcedite

Oblačenje

¼ skodelice ekstra deviškega oljčnega olja

2 kapljici belega vinskega kisa

Groba sol in črni poper

Priprava

Zmešajte vse sestavine za preliv.

Zmešamo z ostalimi sestavinami in dobro premešamo.

Solata iz ohrovta iz artičoke in brokolija

Sestavine:

1 artičoka, oplaknjena in odcejena

1 šop ohrovta, oplaknjen in odcejen

8 cvetov brokolija, blanširanih in odcejenih

Oblačenje

¼ skodelice ekstra deviškega oljčnega olja

2 kapljici belega vinskega kisa

Groba sol in črni poper

Priprava

Zmešajte vse sestavine za preliv.

Zmešamo z ostalimi sestavinami in dobro premešamo.

Solata iz mlade koruze in endivije

Sestavine:

1 skodelica mlade koruze (v pločevinkah), odcejene

1 šopek endivije, oplaknjen in odcejen

1 artičoka, oplaknjena in odcejena

Oblačenje

¼ skodelice ekstra deviškega oljčnega olja

2 žlici. Jabolčni kis

Groba sol in črni poper

Priprava

Zmešajte vse sestavine za preliv.

Zmešamo z ostalimi sestavinami in dobro premešamo.

Mešanica zelene in mlade korenčkove solate

Sestavine:

1 šopek Meslcun, oplaknjen in odcejen

1 skodelica mladega korenja, sesekljanega

1 šopek zelene solate, oplaknjene in odcejene

Oblačenje

¼ skodelice ekstra deviškega oljčnega olja

2 kapljici belega vinskega kisa

Groba sol in črni poper

Priprava

Zmešajte vse sestavine za preliv.

Zmešamo z ostalimi sestavinami in dobro premešamo.

Paradižnikova in mlada koruzna solata

Sestavine:

10 paradižnikov po dolžini prepolovite, odstranite sredico in narežite na tanke rezine

1 skodelica mlade koruze (v pločevinkah), odcejene

1 šopek endivije, oplaknjen in odcejen

1 artičoka, oplaknjena in odcejena

Oblačenje

¼ skodelice ekstra deviškega oljčnega olja

2 kapljici belega vinskega kisa

Groba sol in črni poper

Priprava

Zmešajte vse sestavine za preliv.

Zmešamo z ostalimi sestavinami in dobro premešamo.

Enoki in mlada koruzna solata

Sestavine:

15 Enoki gob, narezanih na tanke rezine

1 skodelica mlade koruze (v pločevinkah), odcejene

1 šopek endivije, oplaknjen in odcejen

1 artičoka, oplaknjena in odcejena

Oblačenje

¼ skodelice ekstra deviškega oljčnega olja

2 žlici. Jabolčni kis

Groba sol in črni poper

Priprava

Zmešajte vse sestavine za preliv.

Zmešamo z ostalimi sestavinami in dobro premešamo.

Solata iz paradižnikove endivije in artičoke

Sestavine:

3 Heirloom paradižniki, prepolovljeni po dolžini, brez semen in na tanke rezine

1 šopek endivije, oplaknjen in odcejen

1 artičoka, oplaknjena in odcejena

1 šop ohrovta, oplaknjen in odcejen

Oblačenje

¼ skodelice ekstra deviškega oljčnega olja

2 kapljici belega vinskega kisa

Groba sol in črni poper

Priprava

Zmešajte vse sestavine za preliv.

Zmešamo z ostalimi sestavinami in dobro premešamo.

Solata iz ohrovta, paradižnika in čebule

Sestavine:

1 šop ohrovta oplaknite in odcedite

5 srednje velikih paradižnikov, prepolovljenih po dolžini, brez semen in na tanke rezine

1/4 bele čebule olupimo, po dolžini prepolovimo in na tanko narežemo

1 večjo kumaro, prepolovljeno po dolžini in na tanke rezine

Oblačenje

¼ skodelice ekstra deviškega oljčnega olja

2 kapljici belega vinskega kisa

Groba sol in črni poper

Priprava

Zmešajte vse sestavine za preliv.

Zmešamo z ostalimi sestavinami in dobro premešamo.

Solata s špinačo, paradižnikom in čebulo

Sestavine:

1 šopek špinače oplaknite in odcedite

5 srednje velikih paradižnikov, prepolovljenih po dolžini, brez semen in na tanke rezine

1/4 bele čebule olupimo, po dolžini prepolovimo in na tanko narežemo

1 večjo kumaro, prepolovljeno po dolžini in na tanke rezine

Oblačenje

¼ skodelice ekstra deviškega oljčnega olja

2 kapljici belega vinskega kisa

Groba sol in črni poper

Priprava

Zmešajte vse sestavine za preliv.

Zmešamo z ostalimi sestavinami in dobro premešamo.

Solata iz vodne kreše in bučk

Sestavine:

1 šopek vodne kreše, oplaknjene in odcejene

5 srednje velikih paradižnikov, prepolovljenih po dolžini, brez semen in na tanke rezine

1/4 bele čebule olupimo, po dolžini prepolovimo in na tanko narežemo

1 večjo bučko po dolžini prepolovite, na tanko narežite in blanširajte

Oblačenje

¼ skodelice ekstra deviškega oljčnega olja

2 žlici. Jabolčni kis

Groba sol in črni poper

Priprava

Zmešajte vse sestavine za preliv.

Zmešamo z ostalimi sestavinami in dobro premešamo.

Mango paradižnikova in kumarična solata

Sestavine:

1 skodelica na kocke narezanega manga

5 srednje velikih paradižnikov, prepolovljenih po dolžini, brez semen in na tanke rezine

1/4 bele čebule olupimo, po dolžini prepolovimo in na tanko narežemo

1 večjo kumaro, prepolovljeno po dolžini in na tanke rezine

Oblačenje

¼ skodelice ekstra deviškega oljčnega olja

2 kapljici belega vinskega kisa

Groba sol in črni poper

Priprava

Zmešajte vse sestavine za preliv.

Zmešamo z ostalimi sestavinami in dobro premešamo.

Solata iz breskovega paradižnika in čebule

Sestavine:

1 skodelica na kocke narezanih breskev

5 srednjih paradižnikov po dolžini prepolovite, odstranite sredico in narežite na tanke rezine

1/4 bele čebule olupimo, po dolžini prepolovimo in na tanko narežemo

1 večjo kumaro, prepolovljeno po dolžini in na tanke rezine

Oblačenje

¼ skodelice ekstra deviškega oljčnega olja

2 kapljici belega vinskega kisa

Groba sol in črni poper

Priprava

Zmešajte vse sestavine za preliv.

Zmešamo z ostalimi sestavinami in dobro premešamo.

Črni grozdni paradižnik in bela čebula

Sestavine:

12 kosov črno grozdje

10 paradižnikov po dolžini prepolovite, odstranite sredico in narežite na tanke rezine

1/4 bele čebule olupimo, po dolžini prepolovimo in na tanko narežemo

1 večjo kumaro, prepolovljeno po dolžini in na tanke rezine

Oblačenje

¼ skodelice ekstra deviškega oljčnega olja

2 kapljici belega vinskega kisa

Groba sol in črni poper

Priprava

Zmešajte vse sestavine za preliv.

Zmešamo z ostalimi sestavinami in dobro premešamo.

Solata iz rdečega grozdja, paradižnika in bučk

Sestavine:

10 kosov rdeče grozdje

3 Heirloom paradižniki, prepolovljeni po dolžini, brez semen in na tanke rezine

1/4 bele čebule olupimo, po dolžini prepolovimo in na tanko narežemo

1 večjo bučko po dolžini prepolovite, na tanko narežite in blanširajte

Oblačenje

¼ skodelice ekstra deviškega oljčnega olja

2 kapljici belega vinskega kisa

Groba sol in črni poper

Priprava

Zmešajte vse sestavine za preliv.

Zmešamo z ostalimi sestavinami in dobro premešamo.

Solata iz rdečega zelja, sliv, paradižnika in čebule

Sestavine:

1/2 srednje velikega rdečega zelja, narezanega na tanke rezine

5 srednje velikih paradižnikov, prepolovljenih po dolžini, brez semen in na tanke rezine

1/4 bele čebule olupimo, po dolžini prepolovimo in na tanko narežemo

1 večjo kumaro, prepolovljeno po dolžini in na tanke rezine

Oblačenje

¼ skodelice ekstra deviškega oljčnega olja

2 žlici. Jabolčni kis

Groba sol in črni poper

Priprava

Zmešajte vse sestavine za preliv.

Zmešamo z ostalimi sestavinami in dobro premešamo.

Solata iz napa zelja, sliv, paradižnika in kumar

Sestavine:

1/2 srednjega Napa zelja, narezanega na tanke rezine

5 srednje velikih paradižnikov, prepolovljenih po dolžini, brez semen in na tanke rezine

1/4 bele čebule olupimo, po dolžini prepolovimo in na tanko narežemo

1 večjo kumaro, prepolovljeno po dolžini in na tanke rezine

Oblačenje

¼ skodelice ekstra deviškega oljčnega olja

2 žlici. Jabolčni kis

Groba sol in črni poper

Priprava

Zmešajte vse sestavine za preliv.

Zmešamo z ostalimi sestavinami in dobro premešamo.

Solata iz rdečega in napa zelja

Sestavine:

1/2 srednje velikega rdečega zelja, narezanega na tanke rezine

1/2 srednjega Napa zelja, narezanega na tanke rezine

1/4 bele čebule olupimo, po dolžini prepolovimo in na tanko narežemo

1 večjo bučko po dolžini prepolovite, na tanko narežite in blanširajte

Oblačenje

¼ skodelice ekstra deviškega oljčnega olja

2 kapljici belega vinskega kisa

Groba sol in črni poper

Priprava

Zmešajte vse sestavine za preliv.

Zmešamo z ostalimi sestavinami in dobro premešamo.

Solata iz črnega in rdečega grozdja

Sestavine:

12 kosov črno grozdje

10 kosov rdeče grozdje

1/4 bele čebule olupimo, po dolžini prepolovimo in na tanko narežemo

1 večjo kumaro, prepolovljeno po dolžini in na tanke rezine

Oblačenje

¼ skodelice ekstra deviškega oljčnega olja

2 kapljici belega vinskega kisa

Groba sol in črni poper

Priprava

Zmešajte vse sestavine za preliv.

Zmešamo z ostalimi sestavinami in dobro premešamo.

Mango breskev in solata iz kumar

Sestavine:

1 skodelica na kocke narezanega manga

1 skodelica na kocke narezanih breskev

1/4 bele čebule olupimo, po dolžini prepolovimo in na tanko narežemo

1 večjo kumaro, prepolovljeno po dolžini in na tanke rezine

Oblačenje

¼ skodelice ekstra deviškega oljčnega olja

2 kapljici belega vinskega kisa

Groba sol in črni poper

Priprava

Zmešajte vse sestavine za preliv.

Zmešamo z ostalimi sestavinami in dobro premešamo.

Enoki vodna kreša solata z gobami in bučkami

Sestavine:

1 šopek vodne kreše, oplaknjene in odcejene

15 Enoki gob, narezanih na tanke rezine

1/4 bele čebule olupimo, po dolžini prepolovimo in na tanko narežemo

1 večjo bučko po dolžini prepolovite, na tanko narežite in blanširajte

Oblačenje

¼ skodelice ekstra deviškega oljčnega olja

2 kapljici belega vinskega kisa

Groba sol in črni poper

Priprava

Zmešajte vse sestavine za preliv.

Zmešamo z ostalimi sestavinami in dobro premešamo.

Ohrovt s špinačo in solato iz kumar

Sestavine:

1 šop ohrovta oplaknite in odcedite

1 šopek špinače oplaknite in odcedite

1/4 bele čebule olupimo, po dolžini prepolovimo in na tanko narežemo

1 večjo kumaro, prepolovljeno po dolžini in na tanke rezine

Oblačenje

¼ skodelice ekstra deviškega oljčnega olja

2 žlici. Jabolčni kis

Groba sol in črni poper

Priprava

Zmešajte vse sestavine za preliv.

Zmešamo z ostalimi sestavinami in dobro premešamo.

Solata iz ohrovta, paradižnika in bučk

Sestavine:

1 šop ohrovta oplaknite in odcedite

5 srednje velikih paradižnikov, prepolovljenih po dolžini, brez semen in na tanke rezine

1/4 bele čebule olupimo, po dolžini prepolovimo in na tanko narežemo

1 večjo bučko po dolžini prepolovite, na tanko narežite in blanširajte

Oblačenje

¼ skodelice ekstra deviškega oljčnega olja

2 kapljici belega vinskega kisa

Groba sol in črni poper

Priprava

Zmešajte vse sestavine za preliv.

Zmešamo z ostalimi sestavinami in dobro premešamo.

Solata iz špinače, sliv, paradižnika in kumar

Sestavine:

1 šopek špinače oplaknite in odcedite

5 srednje velikih paradižnikov, prepolovljenih po dolžini, brez semen in na tanke rezine

1/4 bele čebule olupimo, po dolžini prepolovimo in na tanko narežemo

1 večjo kumaro, prepolovljeno po dolžini in na tanke rezine

Oblačenje

¼ skodelice ekstra deviškega oljčnega olja

2 žlici. Jabolčni kis

Groba sol in črni poper

Priprava

Zmešajte vse sestavine za preliv.

Zmešamo z ostalimi sestavinami in dobro premešamo.

Solata iz vodne kreše iz paradižnika in kumar

Sestavine:

1 šopek vodne kreše, oplaknjene in odcejene

10 paradižnikov po dolžini prepolovite, odstranite sredico in narežite na tanke rezine

1/4 bele čebule olupimo, po dolžini prepolovimo in na tanko narežemo

1 večjo kumaro, prepolovljeno po dolžini in na tanke rezine

Oblačenje

¼ skodelice ekstra deviškega oljčnega olja

2 kapljici belega vinskega kisa

Groba sol in črni poper

Priprava

Zmešajte vse sestavine za preliv.

Zmešamo z ostalimi sestavinami in dobro premešamo.

Mangova solata iz paradižnika in kumar

Sestavine:

1 skodelica na kocke narezanega manga

3 Heirloom paradižniki, prepolovljeni po dolžini, brez semen in na tanke rezine

1/4 bele čebule olupimo, po dolžini prepolovimo in na tanko narežemo

1 večjo kumaro, prepolovljeno po dolžini in na tanke rezine

Oblačenje

¼ skodelice ekstra deviškega oljčnega olja

2 kapljici belega vinskega kisa

Groba sol in črni poper

Priprava

Zmešajte vse sestavine za preliv.

Zmešamo z ostalimi sestavinami in dobro premešamo.

Solata iz breskev in paradižnika

Sestavine:

1 skodelica na kocke narezanih breskev

5 srednjih paradižnikov po dolžini prepolovite, odstranite sredico in narežite na tanke rezine

1/4 bele čebule olupimo, po dolžini prepolovimo in na tanko narežemo

1 večjo kumaro, prepolovljeno po dolžini in na tanke rezine

Oblačenje

¼ skodelice ekstra deviškega oljčnega olja

2 žlici. Jabolčni kis

Groba sol in črni poper

Priprava

Zmešajte vse sestavine za preliv.

Zmešamo z ostalimi sestavinami in dobro premešamo.

Solata iz črnega grozdja in slivovega paradižnika

Sestavine:

12 kosov črno grozdje

5 srednje velikih paradižnikov, prepolovljenih po dolžini, brez semen in na tanke rezine

1/4 bele čebule olupimo, po dolžini prepolovimo in na tanko narežemo

1 večjo kumaro, prepolovljeno po dolžini in na tanke rezine

Oblačenje

¼ skodelice ekstra deviškega oljčnega olja

2 kapljici belega vinskega kisa

Groba sol in črni poper

Priprava

Zmešajte vse sestavine za preliv.

Zmešamo z ostalimi sestavinami in dobro premešamo.

Solata iz rdečega grozdja in bučk

Sestavine:

10 kosov rdeče grozdje

5 srednje velikih paradižnikov, prepolovljenih po dolžini, brez semen in na tanke rezine

1/4 bele čebule olupimo, po dolžini prepolovimo in na tanko narežemo

1 večjo bučko po dolžini prepolovite, na tanko narežite in blanširajte

Oblačenje

¼ skodelice ekstra deviškega oljčnega olja

2 kapljici belega vinskega kisa

Groba sol in črni poper

Priprava

Zmešajte vse sestavine za preliv.

Zmešamo z ostalimi sestavinami in dobro premešamo.

Solata iz rdečega zelja in paradižnika

Sestavine:

1/2 srednje velikega rdečega zelja, narezanega na tanke rezine

10 paradižnikov po dolžini prepolovite, odstranite sredico in narežite na tanke rezine

1/4 bele čebule olupimo, po dolžini prepolovimo in na tanko narežemo

1 večjo kumaro, prepolovljeno po dolžini in na tanke rezine

Oblačenje

¼ skodelice ekstra deviškega oljčnega olja

2 kapljici belega vinskega kisa

Groba sol in črni poper

Priprava

Zmešajte vse sestavine za preliv.

Zmešamo z ostalimi sestavinami in dobro premešamo.

Napa zelje Enoki solata z gobami in kumarami

Sestavine:

1/2 srednjega Napa zelja, narezanega na tanke rezine

15 Enoki gob, narezanih na tanke rezine

1/4 bele čebule olupimo, po dolžini prepolovimo in na tanko narežemo

1 večjo kumaro, prepolovljeno po dolžini in na tanke rezine

Oblačenje

¼ skodelice ekstra deviškega oljčnega olja

2 žlici. Jabolčni kis

Groba sol in črni poper

Priprava

Zmešajte vse sestavine za preliv.

Zmešamo z ostalimi sestavinami in dobro premešamo.

Solata iz paradižnika in kumar z ananasom

Sestavine:

1 skodelica konzerviranih koščkov ananasa

5 srednje velikih paradižnikov, prepolovljenih po dolžini, brez semen in na tanke rezine

1/4 bele čebule olupimo, po dolžini prepolovimo in na tanko narežemo

1 večjo kumaro, prepolovljeno po dolžini in na tanke rezine

Oblačenje

¼ skodelice ekstra deviškega oljčnega olja

2 kapljici belega vinskega kisa

Groba sol in črni poper

Priprava

Zmešajte vse sestavine za preliv.

Zmešamo z ostalimi sestavinami in dobro premešamo.

Solata iz jabolk, sliv, paradižnika in kumar

Sestavine:

1 skodelica jabolk Fuji, narezanih na kocke

5 srednje velikih paradižnikov, prepolovljenih po dolžini, brez semen in na tanke rezine

1/4 bele čebule olupimo, po dolžini prepolovimo in na tanko narežemo

1 večjo kumaro, prepolovljeno po dolžini in na tanke rezine

Oblačenje

¼ skodelice ekstra deviškega oljčnega olja

2 kapljici belega vinskega kisa

Groba sol in črni poper

Priprava

Zmešajte vse sestavine za preliv.

Zmešamo z ostalimi sestavinami in dobro premešamo.

Solata iz češnjevih paradižnikov in čebule

Sestavine:

1/4 skodelice češenj

3 Heirloom paradižniki, prepolovljeni po dolžini, brez semen in na tanke rezine

1/4 bele čebule olupimo, po dolžini prepolovimo in na tanko narežemo

1 večjo bučko po dolžini prepolovite, na tanko narežite in blanširajte

Oblačenje

¼ skodelice ekstra deviškega oljčnega olja

2 kapljici belega vinskega kisa

Groba sol in črni poper

Priprava

Zmešajte vse sestavine za preliv.

Zmešamo z ostalimi sestavinami in dobro premešamo.

Kisla in paradižnikova solata

Sestavine:

1/2 skodelice kislih kumaric

5 srednjih paradižnikov po dolžini prepolovite, odstranite sredico in narežite na tanke rezine

1/4 bele čebule olupimo, po dolžini prepolovimo in na tanko narežemo

1 večjo kumaro, prepolovljeno po dolžini in na tanke rezine

Oblačenje

¼ skodelice ekstra deviškega oljčnega olja

2 kapljici belega vinskega kisa

Groba sol in črni poper

Priprava

Zmešajte vse sestavine za preliv.

Zmešamo z ostalimi sestavinami in dobro premešamo.

Paradižnikova in koruzna solata

Sestavine:

10 paradižnikov po dolžini prepolovite, odstranite sredico in narežite na tanke rezine

1/2 skodelice konzervirane koruze

1 večjo kumaro, prepolovljeno po dolžini in na tanke rezine

Oblačenje

¼ skodelice ekstra deviškega oljčnega olja

2 žlici. Jabolčni kis

Groba sol in črni poper

Priprava

Zmešajte vse sestavine za preliv.

Zmešamo z ostalimi sestavinami in dobro premešamo.

Solata iz rdečega zelja, artičoke in kumar

Sestavine:

1/2 srednje velikega rdečega zelja, narezanega na tanke rezine

1 skodelica konzerviranih artičok

1/2 srednjega Napa zelja, narezanega na tanke rezine

1 večjo kumaro, prepolovljeno po dolžini in na tanke rezine

Oblačenje

¼ skodelice ekstra deviškega oljčnega olja

2 kapljici belega vinskega kisa

Groba sol in črni poper

Priprava

Zmešajte vse sestavine za preliv.

Zmešamo z ostalimi sestavinami in dobro premešamo.

Solata iz koruze, rdečega zelja in artičok

Sestavine:

1/2 skodelice konzervirane koruze

1/2 srednje velikega rdečega zelja, narezanega na tanke rezine

1 skodelica konzerviranih artičok

1 večjo kumaro, prepolovljeno po dolžini in na tanke rezine

Oblačenje

¼ skodelice ekstra deviškega oljčnega olja

2 kapljici belega vinskega kisa

Groba sol in črni poper

Priprava

Zmešajte vse sestavine za preliv.

Zmešamo z ostalimi sestavinami in dobro premešamo.

Kisle kumarice Solata iz grozdja in koruze

Sestavine:

1/2 skodelice kislih kumaric

10 kosov rdeče grozdje

1/2 skodelice konzervirane koruze

Oblačenje

¼ skodelice ekstra deviškega oljčnega olja

2 kapljici belega vinskega kisa

Groba sol in črni poper

Priprava

Zmešajte vse sestavine za preliv.

Zmešamo z ostalimi sestavinami in dobro premešamo.

Solata iz breskve in črnega grozdja

Sestavine:

1 skodelica na kocke narezanih breskev

1/4 skodelice češenj

12 kosov črno grozdje

1/4 bele čebule olupimo, po dolžini prepolovimo in na tanko narežemo

1 večjo kumaro, prepolovljeno po dolžini in na tanke rezine

Oblačenje

¼ skodelice ekstra deviškega oljčnega olja

2 žlici. Jabolčni kis

Groba sol in črni poper

Priprava

Zmešajte vse sestavine za preliv.

Zmešamo z ostalimi sestavinami in dobro premešamo.

Ananas mango in jabolčna solata

Sestavine:

1 skodelica konzerviranih koščkov ananasa

1 skodelica na kocke narezanega manga

1 skodelica jabolk Fuji, narezanih na kocke

1 večjo bučko po dolžini prepolovite, na tanko narežite in blanširajte

Oblačenje

¼ skodelice ekstra deviškega oljčnega olja

2 kapljici belega vinskega kisa

Groba sol in črni poper

Priprava

Zmešajte vse sestavine za preliv.

Zmešamo z ostalimi sestavinami in dobro premešamo.

Solata s špinačo in vodno krešo

Sestavine:

1 šop ohrovta oplaknite in odcedite

1 šopek špinače oplaknite in odcedite

1 šopek vodne kreše, oplaknjene in odcejene

Oblačenje

¼ skodelice ekstra deviškega oljčnega olja

2 kapljici belega vinskega kisa

Groba sol in črni poper

Priprava

Zmešajte vse sestavine za preliv.

Zmešamo z ostalimi sestavinami in dobro premešamo.

Solata z vodno krešo, ananasom in mangom

Sestavine:

1 šopek vodne kreše, oplaknjene in odcejene

1 skodelica konzerviranih koščkov ananasa

1 skodelica na kocke narezanega manga

Oblačenje

¼ skodelice ekstra deviškega oljčnega olja

2 žlici. Jabolčni kis

Groba sol in črni poper

Priprava

Zmešajte vse sestavine za preliv.

Zmešamo z ostalimi sestavinami in dobro premešamo.

Paradižnikova solata z jabolki in breskvami

Sestavine:

5 srednjih paradižnikov po dolžini prepolovite, odstranite sredico in narežite na tanke rezine

1 skodelica jabolk Fuji, narezanih na kocke

1 skodelica na kocke narezanih breskev

1/4 skodelice češenj

Oblačenje

¼ skodelice ekstra deviškega oljčnega olja

2 kapljici belega vinskega kisa

Groba sol in črni poper

Priprava

Zmešajte vse sestavine za preliv.

Zmešamo z ostalimi sestavinami in dobro premešamo.

Enoki gobova koruza in solata iz rdečega zelja

Sestavine:

15 Enoki gob, narezanih na tanke rezine

1/2 skodelice konzervirane koruze

1/2 srednje velikega rdečega zelja, narezanega na tanke rezine

1 skodelica konzerviranih artičok

Oblačenje

¼ skodelice ekstra deviškega oljčnega olja

2 kapljici belega vinskega kisa

Groba sol in črni poper

Priprava

Zmešajte vse sestavine za preliv.

Zmešamo z ostalimi sestavinami in dobro premešamo.

Paradižnikova in jabolčna solata

Sestavine:

10 paradižnikov po dolžini prepolovite, odstranite sredico in narežite na tanke rezine

1 skodelica jabolk Fuji, narezanih na kocke

1 skodelica na kocke narezanih breskev

Oblačenje

¼ skodelice ekstra deviškega oljčnega olja

2 žlici. Jabolčni kis

Groba sol in črni poper

Priprava

Zmešajte vse sestavine za preliv.

Zmešamo z ostalimi sestavinami in dobro premešamo.

Paradižnikova kumarica in grozdna solata

Sestavine:

3 Heirloom paradižniki, prepolovljeni po dolžini, brez semen in na tanke rezine

1/2 skodelice kislih kumaric

10 kosov rdeče grozdje

1/2 skodelice konzervirane koruze

Oblačenje

¼ skodelice ekstra deviškega oljčnega olja

2 kapljici belega vinskega kisa

Groba sol in črni poper

Priprava

Zmešajte vse sestavine za preliv.

Zmešamo z ostalimi sestavinami in dobro premešamo.

Solata iz rdečega zelja, artičoke in kumar

Sestavine:

1/2 srednje velikega rdečega zelja, narezanega na tanke rezine

1 skodelica konzerviranih artičok

1 večjo kumaro, prepolovljeno po dolžini in na tanke rezine

Oblačenje

¼ skodelice ekstra deviškega oljčnega olja

2 kapljici belega vinskega kisa

Groba sol in črni poper

Priprava

Zmešajte vse sestavine za preliv.

Zmešamo z ostalimi sestavinami in dobro premešamo.

Solata iz ananasa, manga, jabolka in kumar

Sestavine:

1 skodelica konzerviranih koščkov ananasa

1 skodelica na kocke narezanega manga

1 skodelica jabolk Fuji, narezanih na kocke

1 večjo kumaro, prepolovljeno po dolžini in na tanke rezine

Oblačenje

¼ skodelice ekstra deviškega oljčnega olja

2 kapljici belega vinskega kisa

Groba sol in črni poper

Priprava

Zmešajte vse sestavine za preliv.

Zmešamo z ostalimi sestavinami in dobro premešamo.

Artičoka Napa zelje in solata iz kumar

Sestavine:

1 skodelica konzerviranih artičok

1/2 srednjega Napa zelja, narezanega na tanke rezine

1 večjo kumaro, prepolovljeno po dolžini in na tanke rezine

Oblačenje

¼ skodelice ekstra deviškega oljčnega olja

2 kapljici belega vinskega kisa

Groba sol in črni poper

Priprava

Zmešajte vse sestavine za preliv.

Zmešamo z ostalimi sestavinami in dobro premešamo.

Solata iz paradižnikovega zelja in korenja

Sestavine:

3 Heirloom paradižniki, prepolovljeni po dolžini, brez semen in na tanke rezine

1/2 srednjega Napa zelja, narezanega na tanke rezine

5 otroških korenčkov

Oblačenje

¼ skodelice ekstra deviškega oljčnega olja

2 kapljici belega vinskega kisa

Groba sol in črni poper

Priprava

Zmešajte vse sestavine za preliv.

Zmešamo z ostalimi sestavinami in dobro premešamo.

Napa solata iz zelja, korenčka in kumar

Sestavine:

1/2 srednjega Napa zelja, narezanega na tanke rezine

5 otroških korenčkov

1 večjo kumaro, prepolovljeno po dolžini in na tanke rezine

Oblačenje

¼ skodelice ekstra deviškega oljčnega olja

2 žlici. Jabolčni kis

Groba sol in črni poper

Priprava

Zmešajte vse sestavine za preliv.

Zmešamo z ostalimi sestavinami in dobro premešamo.

Fettuccini in zelene olive

SESTAVINE

1 rdeča čebula, srednje sesekljana

1 zelena paprika, sesekljana

15 oz pločevinka fava fižola, oplaknjena in odcejena

15 oz pločevinka mornarskega fižola, splaknjena in odcejena

28 unč zdrobljenih paradižnikov

1/4 skodelice zelenih oliv

2 žlici. kapre

½ čajne žličke soli

1/8 čajne žličke črnega popra

2 skodelici zelenjavne juhe

8 unč surovega fettuccina

1 ½ skodelice veganskega sira (na osnovi tofuja)

Sestavine za dekoracijo:

sesekljana zelena čebula za serviranje

V počasni štedilnik položite vse sestavine razen testenin, veganskega sira in sestavin za okras.

Premešamo in pokrijemo.

Kuhajte na močnem ognju 4 ure ali na nizkem 7 ur.

Dodajte testenine in kuhajte na močnem ognju 18 minut oziroma dokler testenine niso al dente

Dodajte 1 skodelico sira in premešajte.

Potresemo s preostalim veganskim sirom in okrasnimi sestavinami

Špageti z maslenim fižolom in črnim fižolom

SESTAVINE

1 rumena čebula, srednje sesekljana

1 rdeča paprika, sesekljana

15 oz pločevinka maslenega fižola, splaknjena in odcejena

15 oz pločevinka črnega fižola, splaknjena in odcejena

28 unč zdrobljenih paradižnikov

4 žlice. veganski kremni sir

1 čajna žlička Zelišča iz Provanse

½ čajne žličke soli

1/8 čajne žličke črnega popra

2 skodelici zelenjavne juhe

8 oz surovih špagetov

1 ½ skodelice veganskega sira (na osnovi tofuja)

Sestavine za dekoracijo:

sesekljana zelena čebula za serviranje

V počasni štedilnik položite vse sestavine razen testenin, veganskega sira in sestavin za okras.

Premešamo in pokrijemo.

Kuhajte na močnem ognju 4 ure ali na nizkem 7 ur.

Dodajte testenine in kuhajte na močnem ognju 18 minut oziroma dokler testenine niso al dente

Dodajte 1 skodelico sira in premešajte.

Potresemo s preostalim veganskim sirom in okrasnimi sestavinami

Špageti s chorizom in fižolom v zrnju

SESTAVINE

1 rdeča čebula, srednje sesekljana

1 zelena paprika, sesekljana

15 unč konzerviranega fižola

Velik severni fižol lahko tehta 15 unč

28 unč zdrobljenih paradižnikov

1/4 skodelice veganskega choriza, grobo sesekljanega

1 čajna žlička posušen timijan

½ čajne žličke soli

1/8 čajne žličke črnega popra

2 skodelici zelenjavne juhe

8 oz surovih rezancev za špagete

1 ½ skodelice veganskega sira (na osnovi tofuja)

Sestavine za dekoracijo:

sesekljana zelena čebula za serviranje

V počasni štedilnik položite vse sestavine razen testenin, veganskega sira in sestavin za okras.

Premešamo in pokrijemo.

Kuhajte na močnem ognju 4 ure ali na nizkem 7 ur.

Dodajte testenine in kuhajte na močnem ognju 18 minut oziroma dokler testenine niso al dente

Dodajte 1 skodelico sira in premešajte.

Potresemo s preostalim veganskim sirom in okrasnimi sestavinami

Pappardelle testenine s paradižnikom in veganskim sirom

SESTAVINE

1 rdeča čebula, srednje sesekljana

1 zelena paprika, sesekljana

15 oz pločevinka maslenega fižola, splaknjena in odcejena

15 oz pločevinka črnega fižola, splaknjena in odcejena

28 unč zdrobljenih paradižnikov

2 žlici. paradižnikova omaka

1 čajna žlička Bazilika

1 čajna žlička Italijanska začimba

½ čajne žličke soli

1/8 čajne žličke črnega popra

2 skodelici zelenjavne juhe

8 unč surovih testenin pappardelle

1 ½ skodelice veganskega sira (na osnovi tofuja)

Sestavine za dekoracijo:

sesekljana zelena čebula za serviranje

V počasni štedilnik položite vse sestavine razen testenin, veganskega sira in sestavin za okras.

Premešamo in pokrijemo.

Kuhajte na močnem ognju 4 ure ali na nizkem 7 ur.

Dodajte testenine in kuhajte na močnem ognju 18 minut oziroma dokler testenine niso al dente

Dodajte 1 skodelico sira in premešajte.

Potresemo s preostalim veganskim sirom in okrasnimi sestavinami

Makaroni in fižol Garbanzo

SESTAVINE

15 oz pločevinka pinto fižola, oplaknjena in odcejena

15 oz lahko garbanzo fižol, oplaknjen in odcejen

28 unč zdrobljenih paradižnikov

4 žlice. pesto

1 čajna žlička Italijanska začimba

½ čajne žličke soli

1/8 čajne žličke črnega popra

2 skodelici zelenjavne juhe

8 unč neprekuhanih polnozrnatih makaronov

1 ½ skodelice veganskega sira (na osnovi tofuja)

Sestavine za dekoracijo:

sesekljana zelena čebula za serviranje

V počasni štedilnik položite vse sestavine razen testenin, veganskega sira in sestavin za okras.

Premešamo in pokrijemo.

Kuhajte na močnem ognju 4 ure ali na nizkem 7 ur.

Dodajte testenine in kuhajte na močnem ognju 18 minut oziroma dokler testenine niso al dente

Dodajte 1 skodelico sira in premešajte.

Potresemo s preostalim veganskim sirom in okrasnimi sestavinami

Farfalle testenine v pikantni chimichurri omaki

SESTAVINE

5 jalapeno paprik

1 rumena čebula, drobno sesekljana

15 oz pločevinka maslenega fižola, splaknjena in odcejena

15 oz pločevinka črnega fižola, splaknjena in odcejena

4 žlice. chimichurri omako

1/2 žličke Cayenne

½ čajne žličke soli

1/8 čajne žličke črnega popra

2 skodelici zelenjavne juhe

8 unč nekuhanih testenin farfalle

1 ½ skodelice veganskega sira (na osnovi tofuja)

Sestavine za dekoracijo:

sesekljana zelena čebula za serviranje

V počasni štedilnik položite vse sestavine razen testenin, veganskega sira in sestavin za okras.

Premešamo in pokrijemo.

Kuhajte na močnem ognju 4 ure ali na nizkem 7 ur.

Dodajte testenine in kuhajte na močnem ognju 18 minut oziroma dokler testenine niso al dente

Dodajte 1 skodelico sira in premešajte.

Potresemo s preostalim veganskim sirom in okrasnimi sestavinami

Komolčni makaroni s severnim fižolom

SESTAVINE

1 rdeča čebula, srednje sesekljana

1 zelena paprika, sesekljana

15 unč konzerviranega fižola

Velik severni fižol lahko tehta 15 unč

28 unč zdrobljenih paradižnikov

3 oz veganske mocarele

1 čajna žlička Italijanska začimba

½ čajne žličke soli

1/8 čajne žličke črnega popra

2 skodelici zelenjavne juhe

8 unč neprekuhanih polnozrnatih makaronov

1 ½ skodelice veganskega sira (na osnovi tofuja)

Sestavine za dekoracijo:

sesekljana zelena čebula za serviranje

V počasni štedilnik položite vse sestavine razen testenin, veganskega sira in sestavin za okras.

Premešamo in pokrijemo.

Kuhajte na močnem ognju 4 ure ali na nizkem 7 ur.

Dodajte testenine in kuhajte na močnem ognju 18 minut oziroma dokler testenine niso al dente

Dodajte 1 skodelico sira in premešajte.

Potresemo s preostalim veganskim sirom in okrasnimi sestavinami

Špageti z zelenimi olivami in papriko

SESTAVINE

1 rdeča čebula, srednje sesekljana

1 zelena paprika, sesekljana

15 oz pločevinka fava fižola, oplaknjena in odcejena

15 oz pločevinka mornarskega fižola, splaknjena in odcejena

28 unč zdrobljenih paradižnikov

1/4 skodelice zelenih oliv

2 žlici. kapre

½ čajne žličke soli

1/8 čajne žličke črnega popra

2 skodelici zelenjavne juhe

8 oz surovih rezancev za špagete

1 ½ skodelice veganskega sira (na osnovi tofuja)

Sestavine za dekoracijo:

sesekljana zelena čebula za serviranje

V počasni štedilnik položite vse sestavine razen testenin, veganskega sira in sestavin za okras.

Premešamo in pokrijemo.

Kuhajte na močnem ognju 4 ure ali na nizkem 7 ur.

Dodajte testenine in kuhajte na močnem ognju 18 minut oziroma dokler testenine niso al dente

Dodajte 1 skodelico sira in premešajte.

Potresemo s preostalim veganskim sirom in okrasnimi sestavinami

Polnozrnati makaroni z veganskim kremnim sirom

SESTAVINE

1 rdeča čebula, srednje sesekljana

1 zelena paprika, sesekljana

15 oz pločevinka maslenega fižola, splaknjena in odcejena

15 oz pločevinka črnega fižola, splaknjena in odcejena

28 unč zdrobljenih paradižnikov

4 žlice. veganski kremni sir

1 čajna žlička Zelišča iz Provanse

½ čajne žličke soli

1/8 čajne žličke črnega popra

2 skodelici zelenjavne juhe

8 unč neprekuhanih polnozrnatih makaronov

1 ½ skodelice veganskega sira (na osnovi tofuja)

Sestavine za dekoracijo:

sesekljana zelena čebula za serviranje

V počasni štedilnik položite vse sestavine razen testenin, veganskega sira in sestavin za okras.

Premešamo in pokrijemo.

Kuhajte na močnem ognju 4 ure ali na nizkem 7 ur.

Dodajte testenine in kuhajte na močnem ognju 18 minut oziroma dokler testenine niso al dente

Dodajte 1 skodelico sira in premešajte.

Potresemo s preostalim veganskim sirom in okrasnimi sestavinami

Penne testenine s chorizom

SESTAVINE

1 rumena čebula, srednje sesekljana

1 rdeča paprika, sesekljana

15 unč konzerviranega fižola

Velik severni fižol lahko tehta 15 unč

28 unč zdrobljenih paradižnikov

1/4 skodelice veganskega choriza, grobo sesekljanega

1 čajna žlička posušen timijan

½ čajne žličke soli

1/8 čajne žličke črnega popra

2 skodelici zelenjavne juhe

8 unč nekuhanih penne testenin

1 ½ skodelice veganskega sira (na osnovi tofuja)

Sestavine za dekoracijo:

sesekljana zelena čebula za serviranje

V počasni štedilnik položite vse sestavine razen testenin, veganskega sira in sestavin za okras.

Premešamo in pokrijemo.

Kuhajte na močnem ognju 4 ure ali na nizkem 7 ur.

Dodajte testenine in kuhajte na močnem ognju 18 minut oziroma dokler testenine niso al dente

Dodajte 1 skodelico sira in premešajte.

Potresemo s preostalim veganskim sirom in okrasnimi sestavinami

Papardelle testenine s fava fižolom

SESTAVINE

1 rdeča čebula, srednje sesekljana

1 zelena paprika, sesekljana

15 oz pločevinka fava fižola, oplaknjena in odcejena

15 oz pločevinka mornarskega fižola, splaknjena in odcejena

28 unč zdrobljenih paradižnikov

4 žlice. pesto

1 čajna žlička Italijanska začimba

½ čajne žličke soli

1/8 čajne žličke črnega popra

2 skodelici zelenjavne juhe

8 unč surovih testenin pappardelle

1 ½ skodelice veganskega sira (na osnovi tofuja)

Sestavine za dekoracijo:

sesekljana zelena čebula za serviranje

V počasni štedilnik položite vse sestavine razen testenin, veganskega sira in sestavin za okras.

Premešamo in pokrijemo.

Kuhajte na močnem ognju 4 ure ali na nizkem 7 ur.

Dodajte testenine in kuhajte na močnem ognju 18 minut oziroma dokler testenine niso al dente

Dodajte 1 skodelico sira in premešajte.

Potresemo s preostalim veganskim sirom in okrasnimi sestavinami

Počasi kuhani fettuccini z maslenim fižolom

SESTAVINE

1 rdeča čebula, srednje sesekljana

1 zelena paprika, sesekljana

15 oz pločevinka maslenega fižola, splaknjena in odcejena

15 oz pločevinka črnega fižola, splaknjena in odcejena

28 unč zdrobljenih paradižnikov

2 žlici. paradižnikova omaka

1 čajna žlička Bazilika

1 čajna žlička Italijanska začimba

½ čajne žličke soli

1/8 čajne žličke črnega popra

2 skodelici zelenjavne juhe

8 unč surovega fettuccina

1 ½ skodelice veganskega sira (na osnovi tofuja)

Sestavine za dekoracijo:

sesekljana zelena čebula za serviranje

V počasni štedilnik položite vse sestavine razen testenin, veganskega sira in sestavin za okras.

Premešamo in pokrijemo.

Kuhajte na močnem ognju 4 ure ali na nizkem 7 ur.

Dodajte testenine in kuhajte na močnem ognju 18 minut oziroma dokler testenine niso al dente

Dodajte 1 skodelico sira in premešajte.

Potresemo s preostalim veganskim sirom in okrasnimi sestavinami

Počasi kuhane lupine testenin z omako Chimichurri

SESTAVINE

5 jalapeno paprik

15 oz pločevinka fižola v zrnju, splaknjena in odcejena

15 unč fižola, opranega in odcejenega

4 žlice. chimichurri omako

1/2 žličke Cayenne

½ čajne žličke soli

1/8 čajne žličke črnega popra

2 skodelici zelenjavne juhe

8 unč lupin surovih testenin

1 ½ skodelice veganskega sira (na osnovi tofuja)

Sestavine za dekoracijo:

sesekljana zelena čebula za serviranje

V počasni štedilnik položite vse sestavine razen testenin, veganskega sira in sestavin za okras.

Premešamo in pokrijemo.

Kuhajte na močnem ognju 4 ure ali na nizkem 7 ur.

Dodajte testenine in kuhajte na močnem ognju 18 minut oziroma dokler testenine niso al dente

Dodajte 1 skodelico sira in premešajte.

Potresemo s preostalim veganskim sirom in okrasnimi sestavinami

Počasi kuhane testenine Farfalle s fižolom Garbanzo

SESTAVINE

1 rumena čebula, srednje sesekljana

1 rdeča paprika, sesekljana

15 oz pločevinka pinto fižola, oplaknjena in odcejena

15 oz lahko garbanzo fižol, oplaknjen in odcejen

28 unč zdrobljenih paradižnikov

1/4 skodelice zelenih oliv

2 žlici. kapre

½ čajne žličke soli

1/8 čajne žličke črnega popra

2 skodelici zelenjavne juhe

8 unč nekuhanih testenin farfalle

1 ½ skodelice veganskega sira (na osnovi tofuja)

Sestavine za dekoracijo:

sesekljana zelena čebula za serviranje

V počasni štedilnik položite vse sestavine razen testenin, veganskega sira in sestavin za okras.

Premešamo in pokrijemo.

Kuhajte na močnem ognju 4 ure ali na nizkem 7 ur.

Dodajte testenine in kuhajte na močnem ognju 18 minut oziroma dokler testenine niso al dente

Dodajte 1 skodelico sira in premešajte.

Potresemo s preostalim veganskim sirom in okrasnimi sestavinami

Počasi kuhani špageti s fižolom in papriko

SESTAVINE

1 rdeča čebula, srednje sesekljana

1 zelena paprika, sesekljana

15 oz pločevinka maslenega fižola, splaknjena in odcejena

15 oz pločevinka črnega fižola, splaknjena in odcejena

28 unč zdrobljenih paradižnikov

3 oz veganske mocarele

1 čajna žlička Italijanska začimba

½ čajne žličke soli

1/8 čajne žličke črnega popra

2 skodelici zelenjavne juhe

8 oz surovih rezancev za špagete

1 ½ skodelice veganskega sira (na osnovi tofuja)

Sestavine za dekoracijo:

sesekljana zelena čebula za serviranje

V počasni štedilnik položite vse sestavine razen testenin, veganskega sira in sestavin za okras.

Premešamo in pokrijemo.

Kuhajte na močnem ognju 4 ure ali na nizkem 7 ur.

Dodajte testenine in kuhajte na močnem ognju 18 minut oziroma dokler testenine niso al dente

Dodajte 1 skodelico sira in premešajte.

Potresemo s preostalim veganskim sirom in okrasnimi sestavinami

Počasi kuhani začinjeni makaroni in veganski sir

SESTAVINE

1 ancho čili

1 rdeča čebula

15 oz pločevinka fižola v zrnju, splaknjena in odcejena

15 unč fižola, opranega in odcejenega

28 unč zdrobljenih paradižnikov

1 ½ žlice čilija v prahu

2 žlički kumine

½ čajne žličke soli

1/8 čajne žličke črnega popra

2 skodelici zelenjavne juhe

8 unč neprekuhanih polnozrnatih makaronov

1 ½ skodelice veganskega sira (na osnovi tofuja)

Sestavine za dekoracijo:

sesekljana zelena čebula za serviranje

V počasni štedilnik položite vse sestavine razen testenin, veganskega sira in sestavin za okras.

Premešamo in pokrijemo.

Kuhajte na močnem ognju 4 ure ali na nizkem 7 ur.

Dodajte testenine in kuhajte na močnem ognju 18 minut oziroma dokler testenine niso al dente

Dodajte 1 skodelico sira in premešajte.

Potresemo s preostalim veganskim sirom in okrasnimi sestavinami

Penne testenine s pestom

SESTAVINE

1 rdeča čebula, srednje sesekljana

1 zelena paprika, sesekljana

15 oz pločevinka fava fižola, oplaknjena in odcejena

15 oz pločevinka mornarskega fižola, splaknjena in odcejena

28 unč zdrobljenih paradižnikov

4 žlice. pesto

1 čajna žlička Italijanska začimba

½ čajne žličke soli

1/8 čajne žličke črnega popra

2 skodelici zelenjavne juhe

8 unč nekuhanih penne testenin

1 ½ skodelice veganskega sira (na osnovi tofuja)

Sestavine za dekoracijo:

sesekljana zelena čebula za serviranje

V počasni štedilnik položite vse sestavine razen testenin, veganskega sira in sestavin za okras.

Premešamo in pokrijemo.

Kuhajte na močnem ognju 4 ure ali na nizkem 7 ur.

Dodajte testenine in kuhajte na močnem ognju 18 minut oziroma dokler testenine niso al dente

Dodajte 1 skodelico sira in premešajte.

Potresemo s preostalim veganskim sirom in okrasnimi sestavinami

Pappardelle testenine s črnim fižolom in maslenim fižolom

SESTAVINE

1 rdeča čebula, srednje sesekljana

1 zelena paprika, sesekljana

15 oz pločevinka maslenega fižola, splaknjena in odcejena

15 oz pločevinka črnega fižola, splaknjena in odcejena

28 unč zdrobljenih paradižnikov

4 žlice. veganski kremni sir

1 čajna žlička Zelišča iz Provanse

½ čajne žličke soli

1/8 čajne žličke črnega popra

2 skodelici zelenjavne juhe

8 unč surovih testenin pappardelle

1 ½ skodelice veganskega sira (na osnovi tofuja)

Sestavine za dekoracijo:

sesekljana zelena čebula za serviranje

V počasni štedilnik položite vse sestavine razen testenin, veganskega sira in sestavin za okras.

Premešamo in pokrijemo.

Kuhajte na močnem ognju 4 ure ali na nizkem 7 ur.

Dodajte testenine in kuhajte na močnem ognju 18 minut oziroma dokler testenine niso al dente

Dodajte 1 skodelico sira in premešajte.

Potresemo s preostalim veganskim sirom in okrasnimi sestavinami

Makaroni in veganski čorizo

SESTAVINE

1 rumena čebula, srednje sesekljana

1 rdeča paprika, sesekljana

15 oz pločevinka pinto fižola, oplaknjena in odcejena

15 oz lahko garbanzo fižol, oplaknjen in odcejen

28 unč zdrobljenih paradižnikov

1/4 skodelice veganskega choriza, grobo sesekljanega

1 čajna žlička posušen timijan

½ čajne žličke soli

1/8 čajne žličke črnega popra

2 skodelici zelenjavne juhe

8 unč neprekuhanih polnozrnatih makaronov

1 ½ skodelice veganskega sira (na osnovi tofuja)

Sestavine za dekoracijo:

sesekljana zelena čebula za serviranje

V počasni štedilnik položite vse sestavine razen testenin, veganskega sira in sestavin za okras.

Premešamo in pokrijemo.

Kuhajte na močnem ognju 4 ure ali na nizkem 7 ur.

Dodajte testenine in kuhajte na močnem ognju 18 minut oziroma dokler testenine niso al dente

Dodajte 1 skodelico sira in premešajte.

Potresemo s preostalim veganskim sirom in okrasnimi sestavinami

Školjke testenin s pikantno omako chimichurri

SESTAVINE

1 rdeča čebula, srednje sesekljana

5 jalapeno paprik

1 rdeča čebula

15 oz pločevinka fižola v zrnju, splaknjena in odcejena

15 unč fižola, opranega in odcejenega

4 žlice. chimichurri omako

1/2 žličke Cayenne

½ čajne žličke soli

1/8 čajne žličke črnega popra

2 skodelici zelenjavne juhe

8 unč lupin surovih testenin

1 ½ skodelice veganskega sira (na osnovi tofuja)

Sestavine za dekoracijo:

sesekljana zelena čebula za serviranje

V počasni štedilnik položite vse sestavine razen testenin, veganskega sira in sestavin za okras.

Premešamo in pokrijemo.

Kuhajte na močnem ognju 4 ure ali na nizkem 7 ur.

Dodajte testenine in kuhajte na močnem ognju 18 minut oziroma dokler testenine niso al dente

Dodajte 1 skodelico sira in premešajte.

Potresemo s preostalim veganskim sirom in okrasnimi sestavinami

Počasi kuhane farfale z olivami

SESTAVINE

1 rdeča čebula, srednje sesekljana

1 zelena paprika, sesekljana

15 oz pločevinka fava fižola, oplaknjena in odcejena

15 oz pločevinka mornarskega fižola, splaknjena in odcejena

28 unč zdrobljenih paradižnikov

1/4 skodelice zelenih oliv

2 žlici. kapre

½ čajne žličke soli

1/8 čajne žličke črnega popra

2 skodelici zelenjavne juhe

8 unč nekuhanih testenin farfalle

1 ½ skodelice veganskega sira (na osnovi tofuja)

Sestavine za dekoracijo:

sesekljana zelena čebula za serviranje

V počasni štedilnik položite vse sestavine razen testenin, veganskega sira in sestavin za okras.

Premešamo in pokrijemo.

Kuhajte na močnem ognju 4 ure ali na nizkem 7 ur.

Dodajte testenine in kuhajte na močnem ognju 18 minut oziroma dokler testenine niso al dente

Dodajte 1 skodelico sira in premešajte.

Potresemo s preostalim veganskim sirom in okrasnimi sestavinami

Počasi kuhane penne testenine

SESTAVINE

1 rdeča čebula, srednje sesekljana

1 zelena paprika, sesekljana

15 oz pločevinka maslenega fižola, splaknjena in odcejena

15 oz pločevinka črnega fižola, splaknjena in odcejena

28 unč zdrobljenih paradižnikov

3 oz veganske mocarele

1 čajna žlička Italijanska začimba

½ čajne žličke soli

1/8 čajne žličke črnega popra

2 skodelici zelenjavne juhe

8 unč nekuhanih penne testenin

1 ½ skodelice veganskega sira (na osnovi tofuja)

Sestavine za dekoracijo:

sesekljana zelena čebula za serviranje

V počasni štedilnik položite vse sestavine razen testenin, veganskega sira in sestavin za okras.

Premešamo in pokrijemo.

Kuhajte na močnem ognju 4 ure ali na nizkem 7 ur.

Dodajte testenine in kuhajte na močnem ognju 18 minut oziroma dokler testenine niso al dente

Dodajte 1 skodelico sira in premešajte.

Potresemo s preostalim veganskim sirom in okrasnimi sestavinami

Počasi kuhani fettuccini s fižolom Pinto

SESTAVINE

1 rdeča čebula, srednje sesekljana

1 zelena paprika, sesekljana

15 oz pločevinka pinto fižola, oplaknjena in odcejena

15 oz lahko garbanzo fižol, oplaknjen in odcejen

28 unč zdrobljenih paradižnikov

4 žlice. veganski kremni sir

1 čajna žlička Zelišča iz Provanse

½ čajne žličke soli

1/8 čajne žličke črnega popra

2 skodelici zelenjavne juhe

8 unč surovega fettuccina

1 ½ skodelice veganskega sira (na osnovi tofuja)

Sestavine za dekoracijo:

sesekljana zelena čebula za serviranje

V počasni štedilnik položite vse sestavine razen testenin, veganskega sira in sestavin za okras.

Premešamo in pokrijemo.

Kuhajte na močnem ognju 4 ure ali na nizkem 7 ur.

Dodajte testenine in kuhajte na močnem ognju 18 minut oziroma dokler testenine niso al dente

Dodajte 1 skodelico sira in premešajte.

Potresemo s preostalim veganskim sirom in okrasnimi sestavinami

Počasi kuhani italijanski špageti s fižolom

SESTAVINE

1 rdeča čebula, srednje sesekljana

1 zelena paprika, sesekljana

15 oz pločevinka fižola v zrnju, splaknjena in odcejena

15 unč fižola, opranega in odcejenega

28 unč zdrobljenih paradižnikov

4 žlice. pesto

1 čajna žlička Italijanska začimba

½ čajne žličke soli

1/8 čajne žličke črnega popra

2 skodelici zelenjavne juhe

8 oz surovih rezancev za špagete

1 ½ skodelice veganskega sira (na osnovi tofuja)

Sestavine za dekoracijo:

sesekljana zelena čebula za serviranje

V počasni štedilnik položite vse sestavine razen testenin, veganskega sira in sestavin za okras.

Premešamo in pokrijemo.

Kuhajte na močnem ognju 4 ure ali na nizkem 7 ur.

Dodajte testenine in kuhajte na močnem ognju 18 minut oziroma dokler testenine niso al dente

Dodajte 1 skodelico sira in premešajte.

Potresemo s preostalim veganskim sirom in okrasnimi sestavinami

Počasi kuhane testenine papardelle

SESTAVINE

1 rumena čebula, srednje sesekljana

1 rdeča paprika, sesekljana

15 oz pločevinka fava fižola, oplaknjena in odcejena

15 oz pločevinka mornarskega fižola, splaknjena in odcejena

28 unč zdrobljenih paradižnikov

2 žlici. paradižnikova omaka

1 čajna žlička Bazilika

1 čajna žlička Italijanska začimba

½ čajne žličke soli

1/8 čajne žličke črnega popra

2 skodelici zelenjavne juhe

8 unč surovih testenin pappardelle

1 ½ skodelice veganskega sira (na osnovi tofuja)

Sestavine za dekoracijo:

sesekljana zelena čebula za serviranje

V počasni štedilnik položite vse sestavine razen testenin, veganskega sira in sestavin za okras.

Premešamo in pokrijemo.

Kuhajte na močnem ognju 4 ure ali na nizkem 7 ur.

Dodajte testenine in kuhajte na močnem ognju 18 minut oziroma dokler testenine niso al dente

Dodajte 1 skodelico sira in premešajte.

Potresemo s preostalim veganskim sirom in okrasnimi sestavinami

Počasi kuhani komolci makaroni in zelena paprika z veganskim chorizom in zelenimi olivami

SESTAVINE

1 rdeča čebula, srednje sesekljana

1 zelena paprika, sesekljana

½ skodelice zelenih oliv, odcejenih

15 oz pločevinka črnega fižola, splaknjena in odcejena

28 unč zdrobljenih paradižnikov

1/4 skodelice veganskega choriza, grobo sesekljanega

1 čajna žlička posušen timijan

½ čajne žličke soli

1/8 čajne žličke črnega popra

2 skodelici zelenjavne juhe

8 unč neprekuhanih polnozrnatih makaronov

1 ½ skodelice veganskega sira (na osnovi tofuja)

Sestavine za dekoracijo:

sesekljana zelena čebula za serviranje

V počasni štedilnik položite vse sestavine razen testenin, veganskega sira in sestavin za okras.

Premešamo in pokrijemo.

Kuhajte na močnem ognju 4 ure ali na nizkem 7 ur.

Dodajte testenine in kuhajte na močnem ognju 18 minut oziroma dokler testenine niso al dente

Dodajte 1 skodelico sira in premešajte.

Potresemo s preostalim veganskim sirom in okrasnimi sestavinami

Počasi kuhane testenine v lupini s kaprami

SESTAVINE

1 rdeča čebula, srednje sesekljana

1 zelena paprika, sesekljana

15 oz pločevinka pinto fižola, oplaknjena in odcejena

¼ skodelice kaper, odcejenih

4 žlice. chimichurri omako

1/2 žličke Cayenne

½ čajne žličke soli

1/8 čajne žličke črnega popra

2 skodelici zelenjavne juhe

8 unč lupin surovih testenin

1 ½ skodelice veganskega sira (na osnovi tofuja)

Sestavine za dekoracijo:

sesekljana zelena čebula za serviranje

V počasni štedilnik položite vse sestavine razen testenin, veganskega sira in sestavin za okras.

Premešamo in pokrijemo.

Kuhajte na močnem ognju 4 ure ali na nizkem 7 ur.

Dodajte testenine in kuhajte na močnem ognju 18 minut oziroma dokler testenine niso al dente

Dodajte 1 skodelico sira in premešajte.

Potresemo s preostalim veganskim sirom in okrasnimi sestavinami

Počasi kuhane Penne testenine z olivami in kaprami

SESTAVINE

1 rdeča čebula, srednje sesekljana

1 zelena paprika, sesekljana

¼ skodelice oliv, odcejenih

¼ skodelice kaper, odcejenih

28 unč zdrobljenih paradižnikov

4 žlice. veganski kremni sir

1 čajna žlička Zelišča iz Provanse

½ čajne žličke soli

1/8 čajne žličke črnega popra

2 skodelici zelenjavne juhe

8 unč nekuhanih penne testenin

1 ½ skodelice veganskega sira (na osnovi tofuja)

Sestavine za dekoracijo:

sesekljana zelena čebula za serviranje

V počasni štedilnik položite vse sestavine razen testenin, veganskega sira in sestavin za okras.

Premešamo in pokrijemo.

Kuhajte na močnem ognju 4 ure ali na nizkem 7 ur.

Dodajte testenine in kuhajte na močnem ognju 18 minut oziroma dokler testenine niso al dente

Dodajte 1 skodelico sira in premešajte.

Potresemo s preostalim veganskim sirom in okrasnimi sestavinami

Komolčni makaroni z olivami in kaprami

SESTAVINE

1 rdeča čebula, srednje sesekljana

1 zelena paprika, sesekljana

15 oz pločevinka fižola v zrnju, splaknjena in odcejena

15 unč fižola, opranega in odcejenega

28 unč zdrobljenih paradižnikov

1/4 skodelice zelenih oliv

2 žlici. kapre

½ čajne žličke soli

1/8 čajne žličke črnega popra

2 skodelici zelenjavne juhe

8 unč neprekuhanih polnozrnatih makaronov

1 ½ skodelice veganskega sira (na osnovi tofuja)

Sestavine za dekoracijo:

sesekljana zelena čebula za serviranje

V počasni štedilnik položite vse sestavine razen testenin, veganskega sira in sestavin za okras.

Premešamo in pokrijemo.

Kuhajte na močnem ognju 4 ure ali na nizkem 7 ur.

Dodajte testenine in kuhajte na močnem ognju 18 minut oziroma dokler testenine niso al dente

Dodajte 1 skodelico sira in premešajte.

Potresemo s preostalim veganskim sirom in okrasnimi sestavinami

Počasi kuhane Farfalle testenine s kaprami

SESTAVINE

1 rumena čebula, srednje sesekljana

¼ skodelice kaper, odcejenih

28 unč zdrobljenih paradižnikov

3 oz veganske mocarele

1 čajna žlička Italijanska začimba

½ čajne žličke soli

1/8 čajne žličke črnega popra

2 skodelici zelenjavne juhe

8 unč nekuhanih testenin farfalle

1 ½ skodelice veganskega sira (na osnovi tofuja)

Sestavine za dekoracijo:

sesekljana zelena čebula za serviranje

V počasni štedilnik položite vse sestavine razen testenin, veganskega sira in sestavin za okras.

Premešamo in pokrijemo.

Kuhajte na močnem ognju 4 ure ali na nizkem 7 ur.

Dodajte testenine in kuhajte na močnem ognju 18 minut oziroma dokler testenine niso al dente

Dodajte 1 skodelico sira in premešajte.

Potresemo s preostalim veganskim sirom in okrasnimi sestavinami

Komolčni makaroni Puttanesca

SESTAVINE

1 rdeča čebula, srednje sesekljana

1 zelena paprika, sesekljana

¼ skodelice kaper, odcejenih

¼ skodelice oliv, odcejenih

15 oz konzervirane paradižnikove omake

28 unč zdrobljenih paradižnikov

4 žlice. pesto

1 čajna žlička Italijanska začimba

½ čajne žličke soli

1/8 čajne žličke črnega popra

2 skodelici zelenjavne juhe

8 unč neprekuhanih polnozrnatih makaronov

1 ½ skodelice veganskega sira (na osnovi tofuja)

Sestavine za dekoracijo:

sesekljana zelena čebula za serviranje

V počasni štedilnik položite vse sestavine razen testenin, veganskega sira in sestavin za okras.

Premešamo in pokrijemo.

Kuhajte na močnem ognju 4 ure ali na nizkem 7 ur.

Dodajte testenine in kuhajte na močnem ognju 18 minut oziroma dokler testenine niso al dente

Dodajte 1 skodelico sira in premešajte.

Potresemo s preostalim veganskim sirom in okrasnimi sestavinami

Špageti Puttanesca

SESTAVINE

1 rdeča čebula, srednje sesekljana

1 zelena paprika, sesekljana

¼ skodelice kaper, odcejenih

¼ skodelice črnih oliv, odcejenih

15 oz paradižnikova omaka

28 unč zdrobljenih paradižnikov

2 žlici. paradižnikova omaka

1 čajna žlička Bazilika

1 čajna žlička Italijanska začimba

½ čajne žličke soli

1/8 čajne žličke črnega popra

2 skodelici zelenjavne juhe

8 oz surovih rezancev za špagete

1 ½ skodelice veganskega sira (na osnovi tofuja)

Sestavine za dekoracijo:

sesekljana zelena čebula za serviranje

V počasni štedilnik položite vse sestavine razen testenin, veganskega sira in sestavin za okras.

Premešamo in pokrijemo.

Kuhajte na močnem ognju 4 ure ali na nizkem 7 ur.

Dodajte testenine in kuhajte na močnem ognju 18 minut oziroma dokler testenine niso al dente

Dodajte 1 skodelico sira in premešajte.

Potresemo s preostalim veganskim sirom in okrasnimi sestavinami

Pappardelle testenine Puttanesca

SESTAVINE

1 rdeča čebula, srednje sesekljana

15 oz paradižnikova omaka

¼ skodelice kaper, odcejenih

28 unč zdrobljenih paradižnikov

1/4 skodelice veganskega choriza, grobo sesekljanega

1 čajna žlička posušen timijan

½ čajne žličke soli

1/8 čajne žličke črnega popra

2 skodelici zelenjavne juhe

8 unč surovih testenin pappardelle

1 ½ skodelice veganskega sira (na osnovi tofuja)

Sestavine za dekoracijo:

sesekljana zelena čebula za serviranje

V počasni štedilnik položite vse sestavine razen testenin, veganskega sira in sestavin za okras.

Premešamo in pokrijemo.

Kuhajte na močnem ognju 4 ure ali na nizkem 7 ur.

Dodajte testenine in kuhajte na močnem ognju 18 minut oziroma dokler testenine niso al dente

Dodajte 1 skodelico sira in premešajte.

Potresemo s preostalim veganskim sirom in okrasnimi sestavinami

Penne testenine z zelenimi paradižniki v omaki Chimichurri

SESTAVINE

1 rdeča čebula, srednje sesekljana

1 zelena paprika, sesekljana

1 skodelica zelenih paradižnikov, narezanih

¼ skodelice kaper, odcejenih

4 žlice. chimichurri omako

1/2 žličke Cayenne

½ čajne žličke soli

1/8 čajne žličke črnega popra

2 skodelici zelenjavne juhe

8 unč nekuhanih penne testenin

1 ½ skodelice veganskega sira (na osnovi tofuja)

Sestavine za dekoracijo:

sesekljana zelena čebula za serviranje

V počasni štedilnik položite vse sestavine razen testenin, veganskega sira in sestavin za okras.

Premešamo in pokrijemo.

Kuhajte na močnem ognju 4 ure ali na nizkem 7 ur.

Dodajte testenine in kuhajte na močnem ognju 18 minut oziroma dokler testenine niso al dente

Dodajte 1 skodelico sira in premešajte.

Potresemo s preostalim veganskim sirom in okrasnimi sestavinami

Kremni komolec Mac in veganski sir

SESTAVINE

1 rdeča čebula, srednje sesekljana

1 zelena paprika, sesekljana

8 oz veganskega kremnega sira

15 oz konzervirane paradižnikove omake

28 unč zdrobljenih paradižnikov

4 žlice. veganski kremni sir

1 čajna žlička Zelišča iz Provanse

½ čajne žličke soli

1/8 čajne žličke črnega popra

2 skodelici zelenjavne juhe

8 unč neprekuhanih polnozrnatih makaronov

1 ½ skodelice veganskega sira (na osnovi tofuja)

Sestavine za dekoracijo:

sesekljana zelena čebula za serviranje

V počasni štedilnik položite vse sestavine razen testenin, veganskega sira in sestavin za okras.

Premešamo in pokrijemo.

Kuhajte na močnem ognju 4 ure ali na nizkem 7 ur.

Dodajte testenine in kuhajte na močnem ognju 18 minut oziroma dokler testenine niso al dente

Dodajte 1 skodelico sira in premešajte.

Potresemo s preostalim veganskim sirom in okrasnimi sestavinami

Farfalle testenine z vegansko kremno paradižnikovo omako

SESTAVINE

1 rumena čebula, srednje sesekljana

1 rdeča paprika, sesekljana

8 oz., veganski kremni sir

15 oz paradižnikova omaka

28 unč zdrobljenih paradižnikov

1/4 skodelice zelenih oliv

2 žlici. kapre

½ čajne žličke soli

1/8 čajne žličke črnega popra

2 skodelici zelenjavne juhe

8 unč nekuhanih testenin farfalle

1 ½ skodelice veganskega sira (na osnovi tofuja)

Sestavine za dekoracijo:

sesekljana zelena čebula za serviranje

V počasni štedilnik položite vse sestavine razen testenin, veganskega sira in sestavin za okras.

Premešamo in pokrijemo.

Kuhajte na močnem ognju 4 ure ali na nizkem 7 ur.

Dodajte testenine in kuhajte na močnem ognju 18 minut oziroma dokler testenine niso al dente

Dodajte 1 skodelico sira in premešajte.

Potresemo s preostalim veganskim sirom in okrasnimi sestavinami

Testenine v lupinah s paradižnikovo omako

SESTAVINE

1 rdeča čebula, srednje sesekljana

15 oz konzervirane paradižnikove omake

28 unč zdrobljenih paradižnikov

3 oz veganske mocarele

1 čajna žlička Italijanska začimba

½ čajne žličke soli

1/8 čajne žličke črnega popra

2 skodelici zelenjavne juhe

8 unč lupin surovih testenin

1 ½ skodelice veganskega sira (na osnovi tofuja)

Sestavine za dekoracijo:

sesekljana zelena čebula za serviranje

V počasni štedilnik položite vse sestavine razen testenin, veganskega sira in sestavin za okras.

Premešamo in pokrijemo.

Kuhajte na močnem ognju 4 ure ali na nizkem 7 ur.

Dodajte testenine in kuhajte na močnem ognju 18 minut oziroma dokler testenine niso al dente

Dodajte 1 skodelico sira in premešajte.

Potresemo s preostalim veganskim sirom in okrasnimi sestavinami

Komolčni makaroni z rdečim pestom

SESTAVINE

1 rdeča čebula, srednje sesekljana

1 zelena paprika, sesekljana

¼ skodelice rdečega pesta

15 oz konzervirane paradižnikove omake

28 unč zdrobljenih paradižnikov

2 žlici. paradižnikova omaka

1 čajna žlička Bazilika

1 čajna žlička Italijanska začimba

½ čajne žličke soli

1/8 čajne žličke črnega popra

2 skodelici zelenjavne juhe

8 unč neprekuhanih polnozrnatih makaronov

1 ½ skodelice veganskega sira (na osnovi tofuja)

Sestavine za dekoracijo:

sesekljana zelena čebula za serviranje

V počasni štedilnik položite vse sestavine razen testenin, veganskega sira in sestavin za okras.

Premešamo in pokrijemo.

Kuhajte na močnem ognju 4 ure ali na nizkem 7 ur.

Dodajte testenine in kuhajte na močnem ognju 18 minut oziroma dokler testenine niso al dente

Dodajte 1 skodelico sira in premešajte.

Potresemo s preostalim veganskim sirom in okrasnimi sestavinami

Pappardelle testenine z 2 vrstama pesta

SESTAVINE

1 rdeča čebula, srednje sesekljana

1 zelena paprika, sesekljana

15 oz pločevinka fižola v zrnju, splaknjena in odcejena

15 unč fižola, opranega in odcejenega

28 unč zdrobljenih paradižnikov

4 žlice. pesto

4 žlice. rdeči pesto

1 čajna žlička Italijanska začimba

½ čajne žličke soli

1/8 čajne žličke črnega popra

2 skodelici zelenjavne juhe

8 unč surovih testenin pappardelle

1 ½ skodelice veganskega sira (na osnovi tofuja)

Sestavine za dekoracijo:

sesekljana zelena čebula za serviranje

V počasni štedilnik položite vse sestavine razen testenin, veganskega sira in sestavin za okras.

Premešamo in pokrijemo.

Kuhajte na močnem ognju 4 ure ali na nizkem 7 ur.

Dodajte testenine in kuhajte na močnem ognju 18 minut oziroma dokler testenine niso al dente

Dodajte 1 skodelico sira in premešajte.

Potresemo s preostalim veganskim sirom in okrasnimi sestavinami

Penne testenine s kaprami in veganskim chorizom

SESTAVINE

1 ancho čili

1 rdeča čebula

15 oz konzervirane paradižnikove omake

¼ skodelice kaper, odcejenih

28 unč zdrobljenih paradižnikov

1/4 skodelice veganskega choriza, grobo sesekljanega

1 čajna žlička posušen timijan

½ čajne žličke soli

1/8 čajne žličke črnega popra

2 skodelici zelenjavne juhe

8 unč nekuhanih penne testenin

1 ½ skodelice veganskega sira (na osnovi tofuja)

Sestavine za dekoracijo:

sesekljana zelena čebula za serviranje

V počasni štedilnik položite vse sestavine razen testenin, veganskega sira in sestavin za okras.

Premešamo in pokrijemo.

Kuhajte na močnem ognju 4 ure ali na nizkem 7 ur.

Dodajte testenine in kuhajte na močnem ognju 18 minut oziroma dokler testenine niso al dente

Dodajte 1 skodelico sira in premešajte.

Potresemo s preostalim veganskim sirom in okrasnimi sestavinami

Garbanzo fižol s kvinojo

SESTAVINE

6 zelenih paprik

1 skodelica surove kvinoje, oprane

1 14-unčna pločevinka garbanzo fižola, splaknjena in odcejena

1 14-unčna pločevinka pinto fižola

1 1/2 skodelice rdeče enchilada omake

2 žlici. paradižnikova omaka

1 čajna žlička Bazilika

1 čajna žlička Italijanska začimba

1/2 čajne žličke česna v prahu

½ žličke morska sol

1 1/2 skodelice naribanega veganskega sira (znamka Daiya)

Dodatki: koriander, avokado.

Papriki odrežite peclje.
Odstranite rebra in semena.
Dobro premešajte kvinojo, fižol, omako enchilada, začimbe in 1 skodelico veganskega sira.

Vsako papriko nadevajte z mešanico kvinoje in fižola.

V počasni kuhalnik nalijte pol skodelice vode.

Paprike položite v počasni kuhalnik (delno potopljene).

Pokrito kuhamo na majhnem ognju 6 ur ali na močnem 3 ure.

Pokrijte in po paprikah razporedite preostali veganski sir ter pokrijte za 4-5 minut, da se sir stopi.

Po vrhu okrasite s koriandrom in avokadom

Veganski bolognese

Sestavine

1 velika sladka rdeča čebula, narezana na kocke

2 korenčka, narezana na kocke

3 stebla zelene, narezana na kocke

12 strokov česna, mletega

Morska sol

Črni poper

1 16-unčna vrečka posušene leče, oprane in oluščene

2 28-unčni pločevinki zdrobljenih paradižnikov

5 skodelic zelenjavne juhe

1 lovorjev list

2 žlici posušene bazilike

2 čajni žlički posušenega peteršilja

1 čajna žlička grobe morske soli

1/2 – 1 čajna žlička zdrobljenih kosmičev rdeče paprike

Čebulo, korenček, zeleno in česen temeljito premešamo, solimo in popramo.

Dodajte ostale sestavine in temeljito premešajte

Kuhajte na nizki temperaturi 4 ure in pol ali dokler se leča ne začne mehčati in omaka zgosti.

Prilagodite začimbe, da dodate več soli in popra po okusu.

Skleda za veganski burrito z rjavim rižem

Sestavine

1 rdeča čebula, narezana na kocke ali tanke rezine

1 zelena paprika (jaz sem uporabila rumeno), narezana na kocke

1 blag rdeči čili, drobno narezan

1 ½ skodelice črnega fižola, odcejenega

1 skodelica surovega rjavega riža

1 ½ skodelice narezanih paradižnikov

½ skodelice vode

1 žlica vroče omake chipotle (ali druge najljubše pekoče omake)

1 žlička prekajene paprike

1/2 čajne žličke mlete kumine

Morska sol

Črni poper

Prelivi vključujejo svež cilantro (koriander), sesekljano mlado čebulo, narezan avokado, guacamole itd.

V počasnem kuhalniku zmešajte vse sestavine sklede za burrito (ne prelivov).

Kuhajte na nizki temperaturi 3 ure oziroma dokler riž ni kuhan.

Postrezite vroče s cilantrom, mlado čebulo, avokadom in guacamole.

Burrito skleda iz belega fižola z omako Chimichurri

Sestavine

1 ancho čili, narezan na kocke

1 rdeča čebula, narezana na kocke

1 blag rdeči čili, drobno narezan

1 1/2 skodelice belega fižola

1 skodelica surovega belega riža

1 1/2 skodelice narezanih paradižnikov

1/2 skodelice vode

4 žlice. chimichurri omako

1/2 žličke Cayenne

Morska sol

Črni poper

Dodatki: svež cilantro (koriander), sesekljane kapesote, narezan avokado, guacamole itd.

V počasnem kuhalniku zmešajte vse sestavine sklede za burrito (ne prelivov).

Kuhajte na nizki temperaturi 3 ure oziroma dokler riž ni kuhan.

Postrezite vroče s sestavinami za preliv

Skleda za burito iz fižola Garbanzo s pestom

Sestavine

5 na kocke narezanih jalapeno paprik

1 rdeča čebula, narezana na kocke

1 blag rdeči čili, drobno narezan

1 ½ skodelice fižola garbanzo, odcejenega

1 skodelica surovega rdečega riža

1 ½ skodelice narezanih paradižnikov

½ skodelice vode

4 žlice. pesto

1 čajna žlička Italijanska začimba

Morska sol

Črni poper

Dodatki: svež cilantro (koriander), sesekljane kapesote, narezan avokado, guacamole itd.

V počasnem kuhalniku zmešajte vse sestavine sklede za burrito (ne prelivov).

Kuhajte na nizki temperaturi 3 ure oziroma dokler riž ni kuhan.

Postrezite vroče s sestavinami za preliv

Skleda za burito s črnim rižem in veganskim čorizom

Sestavine

5 paprik serrano, narezanih na kocke

1 rdeča čebula, narezana na kocke

1 blag rdeči čili, drobno narezan

1 1/2 skodelice mornarskega fižola, odcejenega

1 skodelica surovega črnega riža

1 1/2 skodelice narezanih paradižnikov

1/2 skodelice vode

1/4 skodelice veganskega choriza, grobo sesekljanega

1 čajna žlička posušen timijan

Morska sol

Črni poper

Dodatki: svež cilantro (koriander), sesekljane kapesote, narezan avokado, guacamole itd.

V počasnem kuhalniku zmešajte vse sestavine sklede za burrito (ne prelivov).

Kuhajte na nizki temperaturi 3 ure oziroma dokler riž ni kuhan.

Postrezite vroče s sestavinami za preliv

Skleda za burito v francoskem slogu

Sestavine

1 Anaheim poper, narezan na kocke

1 rdeča čebula, narezana na kocke

1 blag rdeči čili, drobno narezan

1 1/2 skodelice belega fižola

1 skodelica surovega belega riža

1 1/2 skodelice narezanih paradižnikov

1/2 skodelice vode

4 žlice. veganski kremni sir, narezan na tanke rezine

1 čajna žlička Zelišča iz Provanse

Morska sol

Črni poper

Dodatki: svež cilantro (koriander), sesekljane kapesote, narezan avokado, guacamole itd.

V počasnem kuhalniku zmešajte vse sestavine sklede za burrito (ne prelivov).

Kuhajte na nizki temperaturi 3 ure oziroma dokler riž ni kuhan.

Postrezite vroče s sestavinami za preliv

Chipotle skleda za burito

Sestavine

5 paprik serrano, narezanih na kocke

1 rdeča čebula, narezana na kocke

1 blag rdeči čili, drobno narezan

1 1/2 skodelice mornarskega fižola, odcejenega

1 skodelica surovega črnega riža

1 1/2 skodelice narezanih paradižnikov

1/2 skodelice vode

1 žlica vroče omake chipotle (ali druge najljubše pekoče omake)

1 žlička prekajene paprike

1/2 čajne žličke mlete kumine

Morska sol

Črni poper

Dodatki: svež cilantro (koriander), sesekljane kapesote, narezan avokado, guacamole itd.

V počasnem kuhalniku zmešajte vse sestavine sklede za burrito (ne prelivov).

Kuhajte na nizki temperaturi 3 ure oziroma dokler riž ni kuhan.

Postrezite vroče s sestavinami za preliv

Slivova paradižnikova artičoka in solata iz napa zelja

Sestavine:

5 srednje velikih paradižnikov, prepolovljenih po dolžini, brez semen in na tanke rezine

1 skodelica konzerviranih artičok

1/2 srednjega Napa zelja, narezanega na tanke rezine

Oblačenje

¼ skodelice ekstra deviškega oljčnega olja

2 kapljici belega vinskega kisa

Groba sol in črni poper

Priprava

Zmešajte vse sestavine za preliv.

Zmešamo z ostalimi sestavinami in dobro premešamo.

Solata iz kumaric, grozdja in koruze

Sestavine:

1/2 skodelice kislih kumaric

10 kosov rdeče grozdje

1/2 skodelice konzervirane koruze

1 večjo kumaro, prepolovljeno po dolžini in na tanke rezine

Oblačenje

¼ skodelice ekstra deviškega oljčnega olja

2 kapljici belega vinskega kisa

Groba sol in črni poper

Priprava

Zmešajte vse sestavine za preliv.

Zmešamo z ostalimi sestavinami in dobro premešamo.

Tomatillos češnja in špinačna solata

Sestavine:

10 paradižnikov po dolžini prepolovite, odstranite sredico in narežite na tanke rezine

1/4 skodelice češenj

1 šopek špinače oplaknite in odcedite

12 kosov črno grozdje

Oblačenje

¼ skodelice ekstra deviškega oljčnega olja

2 žlici. Jabolčni kis

Groba sol in črni poper

Priprava

Zmešajte vse sestavine za preliv.

Zmešamo z ostalimi sestavinami in dobro premešamo.

Jabolčno rdeče zelje in češnjeva solata

Sestavine:

1 skodelica jabolk Fuji, narezanih na kocke

1/2 srednje velikega rdečega zelja, narezanega na tanke rezine

1/4 skodelice češenj

1/4 bele čebule olupimo, po dolžini prepolovimo in na tanko narežemo

1 večjo kumaro, prepolovljeno po dolžini in na tanke rezine

Oblačenje

¼ skodelice ekstra deviškega oljčnega olja

2 kapljici belega vinskega kisa

Groba sol in črni poper

Priprava

Zmešajte vse sestavine za preliv.

Zmešamo z ostalimi sestavinami in dobro premešamo.

Solata s slivovim paradižnikom, jabolkom in rdečim zeljem

Sestavine:

5 srednje velikih paradižnikov, prepolovljenih po dolžini, brez semen in na tanke rezine

1 skodelica jabolk Fuji, narezanih na kocke

1/2 srednje velikega rdečega zelja, narezanega na tanke rezine

1/4 skodelice češenj

Oblačenje

¼ skodelice ekstra deviškega oljčnega olja

2 kapljici belega vinskega kisa

Groba sol in črni poper

Priprava

Zmešajte vse sestavine za preliv.

Zmešamo z ostalimi sestavinami in dobro premešamo.

Solata iz sliv, paradižnika, ohrovta, ananasa in manga

Sestavine:

5 srednje velikih paradižnikov, prepolovljenih po dolžini, brez semen in na tanke rezine

1 šop ohrovta oplaknite in odcedite

1 skodelica konzerviranih koščkov ananasa

1 skodelica na kocke narezanega manga

Oblačenje

¼ skodelice ekstra deviškega oljčnega olja

2 kapljici belega vinskega kisa

Groba sol in črni poper

Priprava

Zmešajte vse sestavine za preliv.

Zmešamo z ostalimi sestavinami in dobro premešamo.

Solata iz ohrovta, ananasa, manga in kumar

Sestavine:

1 šop ohrovta oplaknite in odcedite

1 skodelica konzerviranih koščkov ananasa

1 skodelica na kocke narezanega manga

1 večjo kumaro, prepolovljeno po dolžini in na tanke rezine

Oblačenje

¼ skodelice ekstra deviškega oljčnega olja

2 kapljici belega vinskega kisa

Groba sol in črni poper

Priprava

Zmešajte vse sestavine za preliv.

Zmešamo z ostalimi sestavinami in dobro premešamo.

Paradižnikova mango in jabolčna solata

Sestavine:

10 paradižnikov po dolžini prepolovite, odstranite sredico in narežite na tanke rezine

1 skodelica na kocke narezanega manga

1 skodelica jabolk Fuji, narezanih na kocke

1/2 srednje velikega rdečega zelja, narezanega na tanke rezine

Oblačenje

¼ skodelice ekstra deviškega oljčnega olja

2 žlici. Jabolčni kis

Groba sol in črni poper

Priprava

Zmešajte vse sestavine za preliv.

Zmešamo z ostalimi sestavinami in dobro premešamo.

CPSIA information can be obtained
at www.ICGtesting.com
Printed in the USA
LVHW080547280223
740519LV00015B/179